身近な人の介護で心がいきづまったら読む本

備えて安心

ケアタウン総合研究所　つくしんぼ会
共同監修　高室成幸／釖 裕和

自由国民社

はじめに…

私は病院勤務を辞めて、23年間地域医療に携わってきました。地域に出てからは数千人の方々の診療にあたりながら、700人ほどを自宅で看取りました。在宅療養を維持するために最も重要なことは介護者の不安と負担感をいかに軽減していくかに尽きると思っています。そのため、私は往診に1回30～60分かけていますが、ほとんどの時間は介護者との話し合いに費やしています。話し合いというより一方的に喋っていただいているといった方が正しいのかもしれません。そのなかで、介護者の不安と負担感の要因を汲み上げて、解消法を伝授するように心がけています。適切な解消法が伝授できない場合でも、私に不安をぶつけることでストレスの解消には役立っているはずです。介護者が異口同音に語られるのは「介護は一人でやらなくてもいい。みんなが協力してくれているんだと思えるようになって、急に肩の力が抜けました」ということばです。在宅介護にかかわるすべてのサービス提供者は、介護者の心身の負担軽減に努めることはもちろんですが、介護者自身も、一人で抱え込むことなく楽な気持ちで介護に臨むよう心がけていただきたいと思います。

この本によって、介護に携わる方々にその術《すべ》を提供できればと願っております。

医師　鈩 裕和

（医療法人社団つくしんぼ会）

介護で心がいきづまる人が増えています。やることが多すぎて何も手につかない。こんなことがいつまで続くのか、先が見えない。なんども同じ話に疲れた…介護に日々苦労されている家族の方々の本音です。

介護をする家族は、さまざまなストレッサー（ストレスの原因）を抱え、ほかの家族にはなかなかわかってもらえない苦労や葛藤があります。がんばりたいのにがんばれない。目の前の現実から逃げ出したい。いっそのこと一緒に死んでしまいたい。そんな追いつめられた介護者たちのなかには、つい無視（ネグレクト）をしたり、暴言を吐いたり、手をあげてしまうという虐待的な心境に追い込まれてしまう人もいます。

介護家族の心理面への支援は、介護保険制度やケアのプロフェッショナルだけではフォローができません。自分の心の状態や考え方の癖を知り、自分なりに予防することで大きなダメージを避けることができます。

つらくなる自分を放っておくと、やがて心がすさみ、笑顔さえ忘れてしまう自分になるかもしれません。本書は、介護で心が疲れ切ってしまった人やその寸前にいる方への「心の処方箋」です。

くよくよする自分、ちょっと無理しがちな自分が「介護の森」で迷わないための心マップとして活用いただければ、幸いです。

ケアタウン総合研究所　高室成幸

身近な人の介護で心がいきづまったら読む本

第4章 「うつ気分」にならないために、なったとき

第5章 ストレス解消に役立つ介護者自身のヘルスケア

第6章 相手の気持ちがわかればストレスはたまらない

第7章 介護を楽にするケアプラン8事例

第1章

介護に疲れた!!
心の相談室

介護に疲れ切ってしまう前に

「介護に疲れる人」の共通点

介護に疲れてしまう人には、性格のうえでいくつかの共通点があります。

「まじめで責任感が強い」「弱音を吐けない」「自分だけ我慢すればいいと感じてしまう」「周囲の目が気になる」「ほかの人に口出しさせない」……だれでも、大なり小なり持ち合わせている性格でしょうが、介護を続けていくうちに、どんどんその傾向が深刻化する人と、そんな自分の性格に気づき、軽度化に成功する人がいます。

家に引きこもらないようにする。自分の時間を大切にする。周囲の意見に惑わされない。意識的に交流をもつようにする。そんなことを心がけて、心を軽くすることに成功しています。

心の相談室のカウンセリング事例を参考に

この「心の相談室」で紹介する事例も、介護に疲れるタイプの相談者ばかりです。「介護の大変さはだれにもわからない」「父の変わり果てた姿を受け入れられない」……そんな相談者は、自分をどんどん狭い場所に追い込んで、そこから抜け出せず苦しんでいます。心が行き詰った状態からどのように抜け出し、日々の暮らしに安らぎと張り合いを見つけていくか、この「心の相談室」では小さなことから始めるヒントを紹介しています。自分に近い事例があったら、「カウンセリング」を参考に「心を軽くする」方法を見つけてください。

心の相談室①

もともと義理の母が大嫌い。認知症でも介護する気になれません！

相談者　長男の妻（60歳）

介護される人　女性（89歳）アルツハイマー型認知症　要介護3

介護のタイプ　同居介護

⬇心を軽くする方法は次ページをご覧ください。

相談者の悩み

3年前から介護しています。夜中にトイレで起こされることも、食事の世話も心底、嫌です。介護は家族の絆《きずな》なんて、それは仲の良いお家の話です。

夫は再婚で私は初婚でした。10歳も年が離れた結婚に義母は反対でした。しつけもきびしく、「あんたの親の顔が見たい」と何度も叱られました。私だけでなく母のことまでけなす義母を許せずにきました。

認知症になり、食事も忘れる、トイレも汚す。そんな義母を介護する自分の気持ちが整理できません。夫は私に任せきりで、関わってくれません。亡くなった義父のときも何もしてくれませんでした。先日は炊飯器ごと食べる義母を見てびっくり。叱ると「お母ちゃん、ごめん」と謝るので、怒っている私が情けなくなって。施設の申し込みはしています。でも許せないんです。どうしたらいいでしょう。

カウンセリング

介護が始まると、家族なりにバランスをとってきたことや、避けてきた夫婦の問題や嫁姑のいさかいなどが表面化し、介護の疲れだけでなく「大きな葛藤」に心が疲れてしまいます。相談者の心の中では、お義母さんへの不満や恨みは、いまも癒《い》えていないようですね。

まずお義母さんの困った行動は、認知症の病気がさせている症状と理解してください。認知症の方は「これでいいのだろうか？」と常に不安のなかにいます。自分の行動に自信が持てず、いまどこにいるのかさえわからない状況です。叱ると将来、被害妄想の対象になります。「これで大丈夫ですよ」と安心することばをかけてください。そして、ご主人に現状を話し、お互い何ができるか、役割の分担を話し合いましょう。葛藤が癒えることを願っています。

心の相談室②

ヘルパーさんのように上手に介護できません。仕事との両立もうまくいかず、無力感にさいなまれます

相談者　長女（46歳）
介護される人　女性（76歳）関節リウマチ要介護4
介護のタイプ　同居介護

⬇心を軽くする方法は次ページをご覧ください。

相談者の悩み

母は50代から関節リウマチでした。いずれ介護かなと思っていたら、3年前玄関で転倒して骨折。退院したときは要介護4、私が同居して介護しています。母はもともとしっかり者で口数が多いんです。イライラするのはわかるんです。でも私、要領は悪い方だし、ヘルパーさんのように上手に介護できません。トイレで脱がすのも間に合わなくて、下着を汚して、また叱られ。食事もまずいって言うんです。ちゃんと教えてくれなかった母のせいなのに。母は完璧主義なので許せないんですね。3年前に亡くなった父も苦労していました。

夜眠れないからと私のことも寝かせてくれないんです。昼間に寝ているから目が冴えるんでしょうね。介護保険ですか？　デイサービスを使っていますが、口うるさいからお友だちもできないようです。お薬は飲んでいますが病気はゆっくりと進行しています。

カウンセリング

思うようにならないことが増えて、さらに病気からくるイライラ感で、お母さんは叱ることで心のバランスをとっているのでしょう。投げやりになる前に、「私は不器用なの！」と宣言してみては。ヘルパーの真似をするのではなく、家族介護教室に参加したりヘルパーさんに教わり、実際にやってみて、お母さんからアドバイスをもらうのも1つの方法です。「母は私の介護の先生」と、ちょっと持ち上げて関係を改善している人もいます。

味覚は幼児期をピークに低下し続けます。味付けを濃い目にしたり、盛り付けを華やかにします。栄養などに気をまわしすぎて、介護の負担感を増やしてはなりません。夜間に眠らないことをデイサービスに伝え、昼間の過ごし方を工夫してもらいましょう。睡眠導入薬は、昼間眠っている人では効果が期待できませんから、頼らないようにしましょう。

心の相談室③

最近、笑えない自分に気づき、ついアルコールに手が伸びます。私の人生、どうなっちゃうのかな

相談者　長男の妻（58歳）
介護される人　女性（85歳）
レビー小体型認知症
要介護2
介護のタイプ　同居介護

↓心を軽くする方法は次ページをご覧ください。

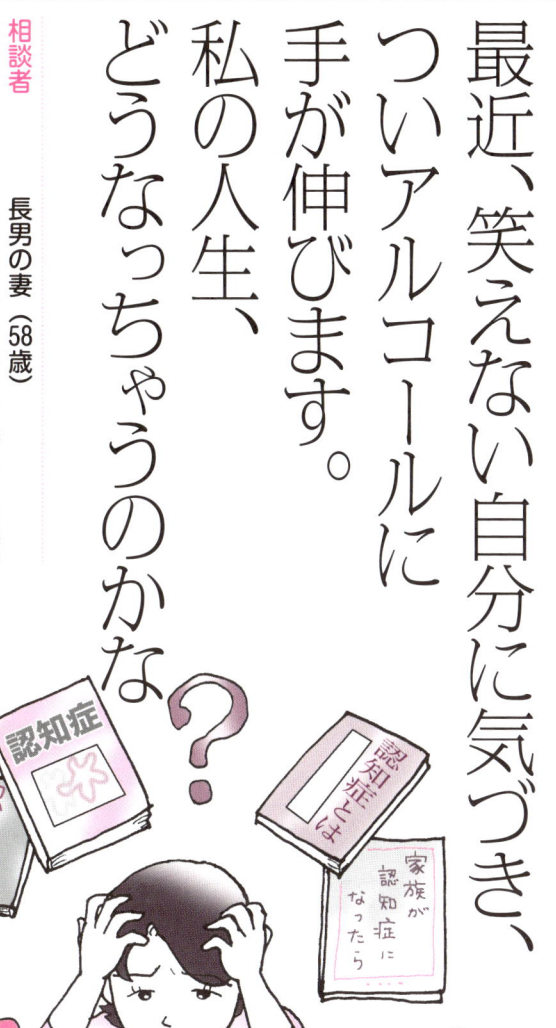

相談者の悩み

　介護ってこんなに大変だったんですね。長男の妻として、世話になった義母の介護はしっかりしたいと思いました。介護の本を10冊近く読みました。タレントさんの本もあります。でも読めば読むほど、ちょっと違うんです。義母は人格が変わったように私を罵《のの》ります。怒鳴ることも度々です。認知症のせいだって医師から言われました。でも私を泥棒扱いして、近所に言いふらしたりで、ショックです。夜中に声を上げるし、深夜に外に出ようとするのでお互いの腕を帯ひもでつないでいます。

　デイサービスは他の方とトラブルになってから使っていません。夫は「君がつらいなら入院させる」と言うだけです。夜は目がさえちゃって、お酒で無理やり寝ています。先月、同窓会で「どうしたの、老けたわね」とみんなに言われて……。自然に笑えないんです。夫は気がついていません。

カウンセリング

　同居介護は意外ともろい――。それは世間体を気にして介護サービスを遠慮したり、同居が面倒になってすぐに病院か施設を頼りがちだからです。

　怒鳴ったり泥棒扱いするという行動は、介護者につらく当たられた経験に基づく場合がほとんどです。行動やふるまいをできるだけ否定しないようにしましょう。夜、眠れないのは昼間寝ているか（昼夜逆転）、頻尿で目を覚ますのかも。問題行動には必ず理由があります。まずは生活リズムをつけることです。認知症専門のデイサービスならトラブルも少ないでしょう。今後、妄想や虚言などの症状が重くなった場合のために、専門家にお願いして予備知識をつけましょう。気分転換に、映画を観る、コンサートに行くなど自分の時間も確保しましょう。家族の会で他の介護者と話すのも効果的です。

心の相談室④

苦しいのは自分ばかり。子どもたちや身内にも本音が言えなくて苦しんでいます

相談者　夫（63歳）

介護される人　女性（61歳）
若年性認知症
要介護4

介護のタイプ　同居介護

⬇心を軽くする方法は次ページをご覧ください。

相談者の悩み

妻は2年前から認知症になりました。社内恋愛で結婚。子どもも独立して、夫婦2人の生活をようやく楽しめると思っていたところ、スーパーで万引きをくり返すようになりました。受診すると若年性認知症と言われました。デイサービスは使っていますが、80歳以上の人ばかりなので行きたがりません。あっさりした性格だったのに、嫉妬深くなり、私が近所の方と話しているだけで浮気を疑います。

妻の介護がつらくても息子や娘には本音は言えません。「なんとかやっている」としか言っていません。子どもたちも母親の変わりようを見たくないようです。介護日誌も書き、本人の嗜好《しこう》にも配慮しています。食欲はあり、食後すぐに腹が減ったと食べたがり、「何度言ったらわかるんだ」と怒鳴ることもあります。恐がるのはわかっています。こんな生活、苦しいです。

カウンセリング

男性介護者には、仕事のようにとても熱心に介護に取り組まれ、「完璧」を求める方がいる傾向があります。熱心な介護ぶりに周囲は感心しますが、本人のなかでたまっている介護ストレスに気づく人は少ない。なぜなら男性の性差として「我慢と沈黙」が美徳とされているからです。介護日誌までつけておられるのですから、その真摯《しんし》な姿をお子さんに見せ、協力を求め、よき理解者になってもらってはどうでしょう。

浮気を疑うのも症状の1つと理解しましょう。デイサービスは施設の協力を得て、利用者でなくスタッフとして協力するという形をとってみてはどうでしょう。役割を持つことでリハビリ効果を期待できます。

また、認知症グループホームなどでボランティアをして、いろんな認知症の方との関わりを体験してみるのもよいでしょう。

心の相談室⑤

母親を介護するために会社を退職。最高の選択と思ったら、今度は2人で引きこもり状態です

相談者　長女（43歳）
介護される人　女性（73歳）
糖尿病、大腿骨頸部骨折
要介護4
介護のタイプ　同居介護

⬇心を軽くする方法は次ページをご覧ください。

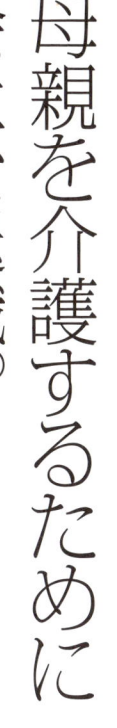

相談者の悩み

私が5歳のときに父が交通事故で亡くなり、それから母子家庭です。妹がいます。母は肥満体質で糖尿病です。商店街で自転車と衝突して大腿骨を骨折、老健で3カ月リハビリをして、自宅に帰ってきました。1年間は遠距離介護をがんばりましたが、介護休暇もとりづらく、交通費の出費も大変なので退職して同居し、母を介護することにしました。

介護ばかりの毎日は退屈です。甘党の母はすぐ盗み食いをします。叱ってもダメです。動かないので肥満は進み、歩くのがおっくうのようで、トイレのときなどすぐに私を呼びます。糖尿病なので医師から聞いた塩分控えめの治療食を作るのですが、まずいと怒ります。私もたまらなくて言い返す毎日です。やさしく接したいのに、最近では無視している自分がいます。出かけることも減り、引きこもっています。

カウンセリング

仕事を辞めて介護生活一本に絞ってしまう人は40~50代の中年の息子・娘に増えています。介護休暇をとりづらい、体力的にもたない、経済的にきついなどの理由です。一方、退職すると収入が激減するだけでなく、気分転換をする機会がない、人間関係が狭くなるなど介護ストレスを極度にためこむ危険性があります。

かなりわがままなお母さんに手を焼いているようですね。減量とリハビリ目的で1カ月間の老健入所も1つの選択肢です。その間、身体と心を休め、週3回程度の無理なくできるパートを探してみてはどうでしょうか。目的は収入の確保とストレスの緩和です。2人だけの時間は気持ちが行き詰まり、介護うつの危険性があります。体調を崩しては介護はできません。介護サービスを上手に使いこなしましょう。

心の相談室⑥

認知症の義父は失火と徘徊がひどくなり、妻が泊まり込み。2カ月前から不眠症になり、心配です

相談者　長女の夫（55歳）

介護される人　男性（82歳）レビー小体型認知症 要介護2

介護のタイプ　近隣介護

⬇心を軽くする方法は次ページをご覧ください。

相談者の悩み

妻の父は元校長。2年前に、5年間熱心に介護をした義母を亡くし、ひとり暮らしでした。その後、月1回は妻が顔を出していました。1年ぐらい前から会話が変になり、電気やガスの消し忘れや、もの忘れが多くなりました。「母ちゃんと食事に行った」「教え子が昨日泊った」など妄想が増え、夜中にご近所を覗いたり呼び鈴を鳴らすので、妻が泊まり込むことが多くなりました。医者の診察を受けるとレビー小体型認知症と言われました。

妻は腰痛が持病で、今も辛そうです。私が泊ると言っても、「私の父親だからあなたは構わないで」と言います。世話になるのが下手なんですね。デイサービスも使いたがりません。先月あたりから眠れないからと睡眠薬を飲んでいます。義父は便失禁もあり、洗濯と掃除で疲れ切っています。手助けするにも妻が断るので手出しできません。

カウンセリング

お義父さんは、5年間介護をなさっていたお義母さんの死で、燃え尽き症候群のような喪失感に襲われたのでは？　熱心な男性介護者によくある傾向です。

今は、娘であるあなたの奥さんが介護をしているとのこと。認知症で人格が極端に変わる言動を身内が受け入れられずに悩む場合が多くあります。奥さんが手伝いを拒否するのは、父親の変化をあなたに見せたくないという意識が働いているのかもしれません。睡眠薬を飲むほどになっているのが心配です。

まず奥さんの心と体を休めることが必要です。デイサービスやショートステイ、訪問介護をどのくらいの間隔で利用するか、奥さんのことでは何が気がかりか、ケアマネジャーを交えて相談しましょう。認知症の人とのコミュニケーションの取り方もプロから教えてもらいましょう。

心の相談室⑦

私自身が更年期。イライラや憂うつな気分で、介護でうまくいかないと義母に当たってしまいます

相談者　長男の妻（53歳）
介護される人　女性（84歳）心臓病、寝たきり　要介護5
介護のタイプ　同居介護

⬇心を軽くする方法は次ページをご覧ください。

相談者の悩み

田舎の義母をマンションに引き取り、介護を始めて8年です。途中、入院したり老健にもお世話になりました。

当時は40代で体力もあり夢中でやってこれました。でも2年前から更年期障害でイライラや憂うつな気分が続くんです。動悸もして、身体がほてるんです。ケアマネさんやヘルパーさんに頼みたいことがあるのに、迷っちゃって頭の整理がつかないですね。食欲もあまりないです。些細なことで腹が立ちます。義母の食事介助をしていても、ボロボロとこぼされるとイラっとして「いい加減にしてください！」と怒っちゃうこと多いですね。おむつ交換もきりがないので、申し訳ないけど、呼ばれても夜中は無視するときもあります。夫は手伝うわけでなく「無理するな」と言うだけです。悲しくないのに泣いている自分がいます。もう限界です。

カウンセリング

ご主人が長男とはいえ、都会のマンションに親を引き取る場合、狭い空間なので家族のストレスはかなりです。実際に介護が始まって相当な負担が家族にかかったはずです。よくがんばってこられましたね。

介護する中年女性は、自分自身の体調の変化や、些細なことで腹が立つことなどで、皆さん悩んでいます。これを抱えたままだと介護うつになってしまうことも。お話のようすでは、かなり心配な状態です。

まずご主人を交えてケアマネジャーと今の状況の話をしましょう。そして何がつらいかを具体的に説明し、1週間の中で「介護から離れる時間」を作りましょう。ご主人が分担できることをお願いし、お子さんにも協力してもらいましょう。だれでも1人で看ているのではないことを感じることができれば、急に心が軽くなるようです。

心の相談室⑧

あんなに尊敬していた父が認知症。尿臭と便臭の部屋。ギャップに戸惑うばかりです

相談者　ひとり娘（45歳）
介護される人　男性（79歳）アルツハイマー型認知症　要介護2
介護のタイプ　近隣介護

⬇心を軽くする方法は次ページをご覧ください。

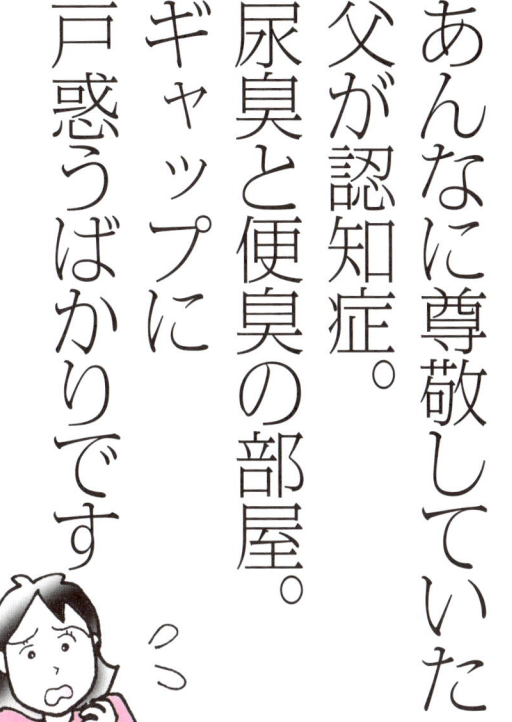

相談者の悩み

国立大学卒で英語とフランス語を話せる父は商社マンとしては出世頭。海外赴任も多く、私も10代はイギリスで6年間過ごしました。定年後はゴルフ三昧《ざんまい》で、5年前に他界した母とよく行っていました。

そんな父が3年前にアルツハイマー型認知症になりました。深夜に私のマンションに来るので、翻訳の仕事の合間をぬって実家に泊まり込んでいます。足を踏み入れた日のこと、部屋中がゴミ屋敷でびっくりでした。ゴキブリもいました。夜中に起きてCDに米粒をびっしりとつけているのを見て、「あのダンディな父が」と腰が抜けそうでした。親せきに、「妻とお盆に帰る」と電話をしたり、デタラメな電話番号にかけまくり、相手が怒っています。失禁をしていても着替えもせず、部屋中が尿と便の臭いです。風呂も入りたがりません。泊まり込みも、もう限界です。

カウンセリング

自慢のお父さんだったのが、お話を聞いて伝わってきます。華やかな仕事ぶりが印象に残っているほど、人格や行動が変わっていく父親を認めたくない、なんとか治したいと思いがちです。病気だからと、入院治療や、薬で抑えたりすると無気力になり、さらに悪くなる場合もあります。

「片づけられない」という状態は、意識の低下や順序立てて思考できなくなって起こってきます。お風呂を嫌がるのは、面倒であることと裸になることへの羞恥心だったりします。一見、問題行動と思いがちですが、その陰に「問題介護」があるとも言われます。「ウロウロしている=トイレを探している」「イライラしている=便秘、喉が渇いている」など原因を探ると解決方法も見つかります。デイサービスやヘルパーさんと協力して、一緒に原因探しをし、抱え込みはやめましょう。

心の相談室⑨

夫は自分の親なのに、仕事があるからと介護は私任せ。兄夫婦は口は出しても手助けなし。私、キレそうです

相談者　三男の妻（52歳）
介護される人　男性（88歳）
脳卒中・片マヒ、ほぼ寝たきり
要介護4
介護のタイプ　同居介護

⬇心を軽くする方法は次ページをご覧ください。

相談者の悩み

嫁いで20年です。義兄2人は実家を離れ、地元に残った三男と見合い結婚でした。家は兼業農家で夫は大工です。私は農業の手伝いと家事です。義母は10年前に他界し、義父は8年前から要介護になり、介護保険はデイサービスを使ってましたが、今は片マヒでほぼ寝たきりなので使っていません。半年前に褥瘡《じょくそう》になり訪問看護に来てもらっています。

車で30分の所に住む義兄夫婦たちは風呂に入れないからだと私を責めます。義父は体が大きく、ちょっとした傷でも褥瘡になるので入浴を夫に頼みますが、「俺も疲れている」と頼りになりません。身体は拭くようにしています。食事にも時間がかかり、むせたり喉に詰まらせたりします。よくやっていると看護師さんは言ってくれますが、身内からは「できない嫁」と思われ、夫がかばってくれないのがつらいです。

カウンセリング

介護に携わらない肉親は勝手に、介護者を責めることが多いので、ケアマネジャーとの話し合いに参加してもらい、現状を理解してもらうとよいでしょう。

脳卒中で片マヒの後遺症のある方は、マヒ側だけ手を貸し、マヒのない側は自分で十分に使ってもらうなど、残った機能を引き出す介護が大切になります。その際に大切なのが「力まかせにしない」ことです。

褥瘡は肌の清潔だけでなく、栄養なども影響します。食事に時間がかかっているようですが、ほぼ寝たきりだとベッドでの食事でしょうか。基本は「おいしい食事」です。ベッドから離れ食事をする、食事の前の適度な空腹感のために車イスで散歩する、食べやすい形態にして食器・用具も工夫するなど、できることはいろいろあります。ほぼ寝たきりでもデイサービスは可能なので利用しましょう。

心の相談室⑩

認知症で徘徊する妻を叩いてしまいました。忍耐力も限界。エスカレートしそうで心配です

相談者　夫（83歳）

介護される人　女性（79歳）
脳血管性認知症
要介護3

介護のタイプ　老老介護

↓心を軽くする方法は次ページをご覧ください。

相談者の悩み

妻が10年前に認知症を発症しました。私は仕事一途で、家庭のことは妻にまかせきりでしたので、妻が病変してから家のことはまったくわからず、わりと器用と思っていた自信は粉々に砕けました。

ヘルパーさんが来訪したときは穏やかなのですが、私が夕食の用意をしているときには「あんただれ？ 私、家に帰ります」と何回も言うので大声を出してしまいます。2年前から徘徊が始まり、私の家は川沿いなので事故も心配です。姿が見えなくなり深夜まで探したこともありました。家の近くの神社で妻を見つけ、思わず叩いてしまいました。

夜、「今後、どうなっていくんだろう」とつぶやくと妻の頬にひと筋の涙が流れているのが見え、悲しさから、電灯を消し布団をかぶり、声を押し殺して泣きました。忍耐力も限界で、気持ちが切れそうです。

カウンセリング

男性介護者の悩みは介護だけでも大変なのに、慣れない家事も引き受けなければいけないこと。とくに昭和ひとケタ生まれの世代はモーレツ社員として「男は仕事」でやってきた人が多いので、器用な人でもかなりの壁のようです。ストレスの中でも、いちばん多いのが食事です。作るのも大変ですが、食事介助は時間がかかる。デイサービスやショートステイを利用し「介護を休む時間」を作ることがコツです。プロと張り合うのはやめ、介護の仲間と思って親しくしましょう。

徘徊は事故も心配されます。奥さんが寄りそうな場所のお店やスタンドに事情を話して、近隣に見守りをお願いします。地域包括支援センターの力を借りるのも手です。男には男にしか語れない悩みがあります。地域の男性介護者の会に顔を出し愚痴を語り、ストレス発散をしましょう。

心の相談室⑪

母を介護したくても、気持ちが沈んでできません。いつまで続くのか、死にたくなります

相談者　ひとり娘（45歳）

介護される人　女性（76歳）
脳梗塞、車いす
要介護4

介護のタイプ　同居介護

↓心を軽くする方法は次ページをご覧ください。

相談者の悩み

大好きな母が趣味の温泉旅行先で脳梗塞に倒れてから4年になります。退院してきてからはひとり娘の私が介護をしています。父は30年前に離婚して、新しい家庭を持っています。誰にも頼れません。

食べることにうるさい母は呑み込みがつらいので、やわらか食、きざみ食、ミキサー食をがんばって作っています。朝は顔をタオルで拭き、歯みがき、それにお化粧。鏡で「きれいね」というと微笑むのです。介護サービスはデイサービスを週2日、使っています。ほかはヘルパーさんと訪問看護をお願いしています。お風呂に入れないときは清拭です。私は、母が倒れた時に交際している人がいましたが、ダメになりました。先方の親も介護寸前で、あてにされていたようです。母の介護で自分の時間がなくても、私の人生諦めていませんが、このままと思うと死にたくなります。

カウンセリング

ひとりで介護にがんばっておられる様子、伝わってきます。ご両親が離婚され、頼れる人がいないようですね。介護が必要な親がいることで結婚が破談になる例も増えています。晩婚化の影響ですね。

仕事はされているのでしょうか？　日々の介護はとてもていねいにされている印象です。介護一色の生活は経済的にきついだけでなく、精神的にも追いつめられがちです。外に出て気分転換を図りましょう。

お母さんの趣味は旅行。いま、トラベルヘルパーが同行する車いすでも行けるツアーがあります。宿の食事も対応してくれる場合もあり、温泉気分がなによりのストレス解消になります。ケアマネジャーにお願いしてケアプランに温泉旅行を位置づけるのもいいかもしれません。介護は神様が与えてくれた親孝行の時間と発想を切り換えるのも方法です。

第2章

あなたは何に疲れているのですか？

疲れの原因

「介護疲れ」の原因はストレスです

大事な3つ

①介護は大きなストレスになる
②ストレスが限度を超えると、心と体に疲れを感じはじめる
③疲れを感じたら、介護者の負担を減らす方法を考える

　ストレスとは、人の体に影響を及ぼす外部からの刺激や、その刺激によって起こる反応のこと（88ページ参照）。環境や体調、人間関係など、あらゆることがストレスになりますが、人の体にはストレスに負けずに健康な状態に戻ろうとする働きが備わっています。ただし、ストレスが強すぎると、この働きが十分に作用せず、心や体に不調が出始めます。

　ほとんどの人にとって、介護は大きなストレスになります。そして、疲れを感じたり、イライラが続いたりするのは、ストレスがたまり過ぎて心身に負担がかかっている証拠です。「疲れたなんて言っていられない」などと無理を続けるのは、よくありません。強いストレスがかかり続けることは、病気の原因にもなりかねないからです。また、ストレスに耐えられる限度には個人差があるので、「みんながしていることだから、がまんできるはず」などと考える必要もありません。疲れを感じるのは、「心と体を休ませなさい」という体からのサイン。これまでの介護のしかたを見直し、少しでも介護者の負担を減らす工夫をしていくきっかけだと考えましょう。

介護ストレスの影響

介護ストレスの要因

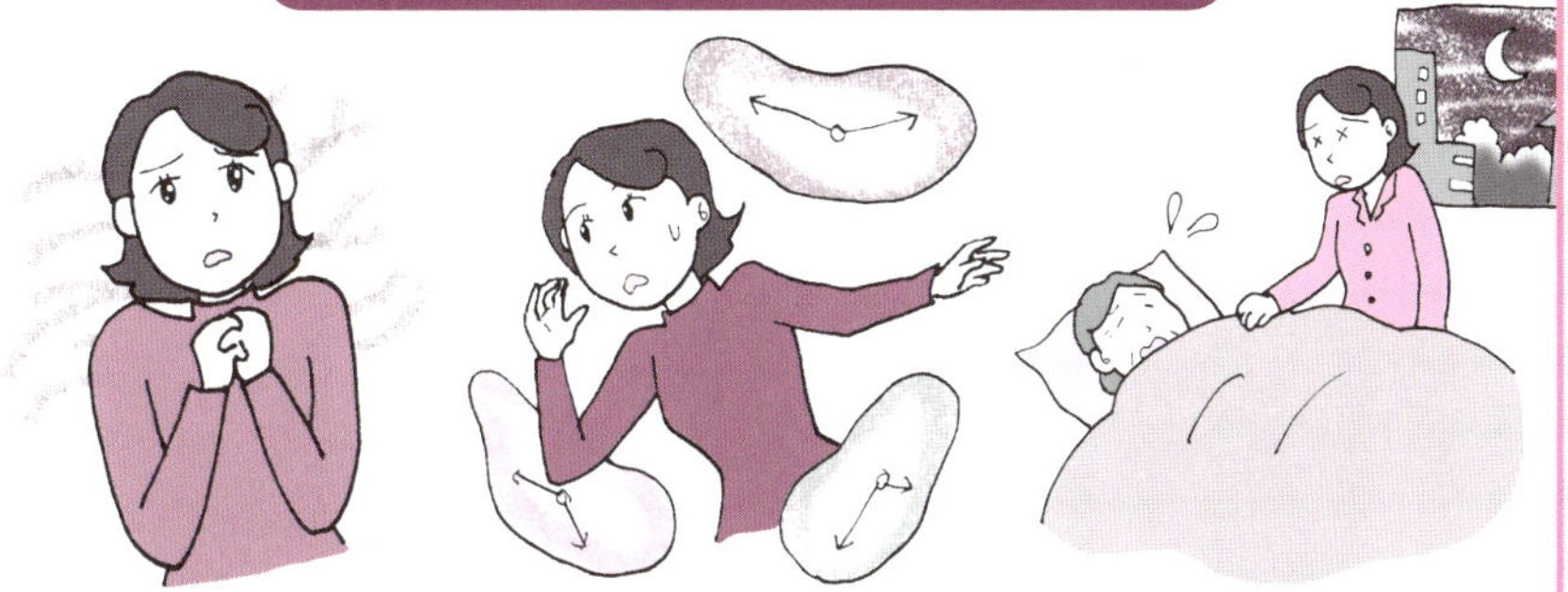

要介護者の病状が心配
先のことが不安

介護によって
生活サイクルが大きく
変わった

睡眠不足

など

↓

疲れを感じる

体を健康な状態にもどそうとする働き

↓

強いストレスがかかり続ける

↓

心身の病気の原因に

↓

少し休むと回復する

疲れの原因

まじめな人ほど、疲れを感じます

大事な3つ

①ストレスに耐える力は、人によって異なる
②まじめな人ほどストレスに弱く、疲れやすい
③疲れている自分を否定せず、受け入れるようにする

ほぼ同じ状況で自宅介護をしたとしても、疲れを感じる時期や強さは、人によって大きく異なります。ストレスに対する反応は、ストレスの強さだけでなく、受け止める人の体質や性格、ものの考え方などにも左右されるからです。一般に、ストレスに弱いと言われているのは、まじめで完璧主義の人や、細かいことまで気になる神経質な人、まわりに気を使いすぎる人など。問題を抱え込みがちなうえ、いったん引き受けたことはきちんとやりとげようとするため、自分を追い込んでしまうことが多いのです。

ただし、ストレスに対処する力が強ければ強いほどよい、というわけではありません。大切なのはストレスに強い人に変身することではなく、自分の限界を自覚し、それ以上にがまんをしないことです。もともとまじめな人が、少し考え方を変えてみる程度のことは助けになりますが、「ストレスに負けないよう、もっとおおらかにならなければ！」などと「努力」をするのは逆効果。まずは、「介護に疲れている自分」を否定したり責めたりするのをやめ、ありのままに受け入れることから始めてみましょう。

疲れを感じやすいのは、こんな人

まわりに気を使う

まじめ

完璧主義

きちょうめん

責任感が強い

神経質

こだわりが強い

など

×

疲れていることを否定する

「もっとがんばらなければ」と、自分を励ます

「逃げてはいけない」などと、自分を責める

↓

長く続くと、心身の不調につながることも!

○

疲れていることを受け入れ、「ストレスがたまっているな」と自覚する

↓

介護の負担を軽くする方法を工夫する

疲れの原因

身近な人の介護ほど、つらいのが普通です

大事な3つ

①他人の介護より、身内の介護のほうがつらい
②家族は、介護のプロにならなくてよい
③自分にできる範囲の介護をすれば十分と、考え方を変える

自宅での介護に少し慣れてくると、介護する側にもされる側にも、イライラしたり不快に思ったりすることが増えてきます。きっかけは小さなことなのに、受け流すことができずにきつい言い方をしてしまう、などということもあるでしょう。そして、そんな自分を責めて、自己嫌悪を感じている介護者も多いのではないでしょうか。

でも、介護を「つらく、いやなもの」と感じるのは、身内だったら当然のこと。たとえば介護施設のスタッフがだれに対してもやさしく接することができるのは、相手が身内ではなく他人だからです。家族の場合、元気だったころをよく知っている分、悲しみや落胆が大きくなるもの。頭では「病気なのだから、しかたがない」とわかっていても、感情的にはなかなか受け入れられないものです。家族は、介護のプロになる必要はありません。プロのようにいつも穏やかに接することができない半面、家族だからこそ与えられる気安さや安心感もあります。家族による介護は、あまり無理をせず、今の自分にできる範囲のことを、できる形ですれば十分なのです。

身内の介護がつらい理由

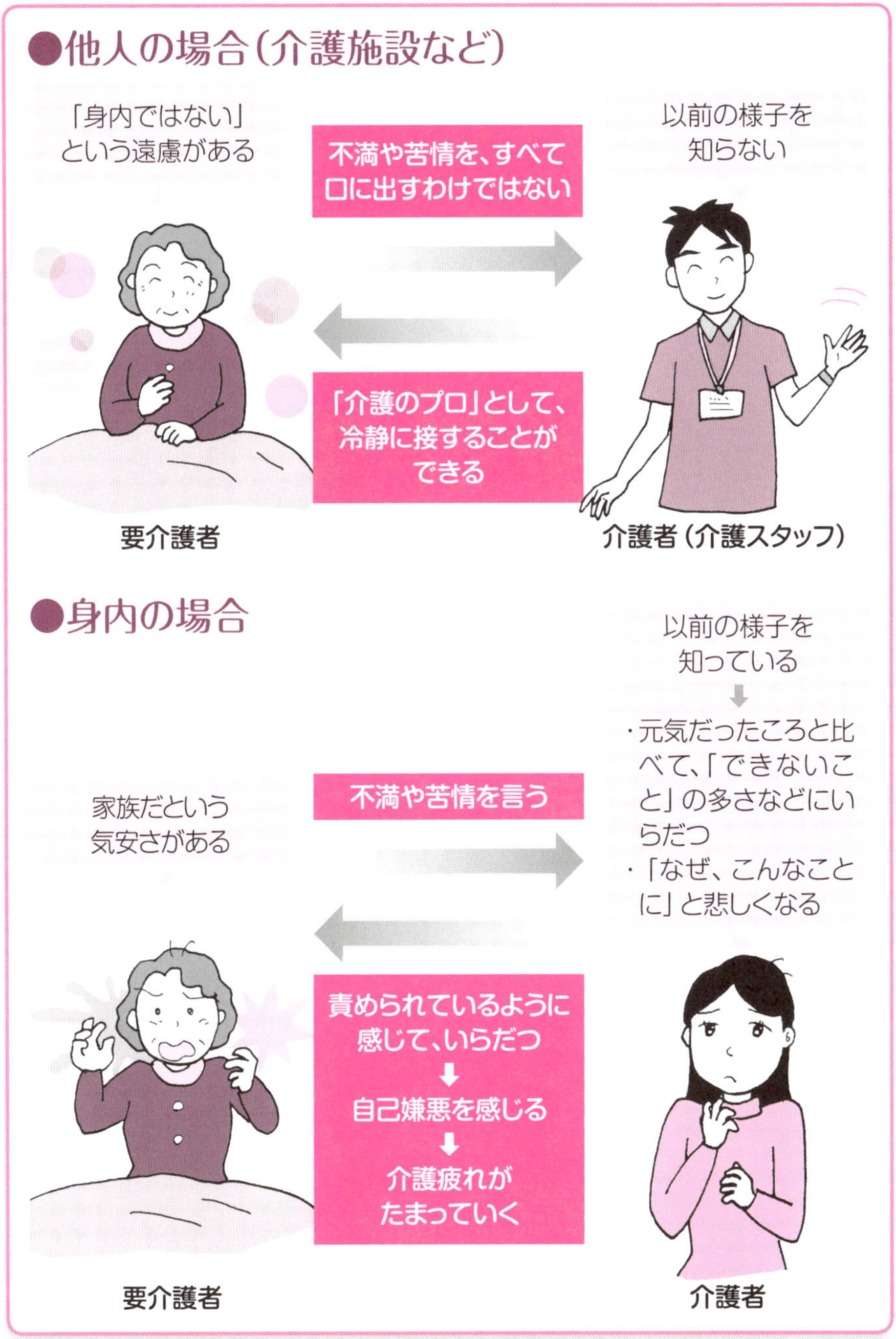
●他人の場合（介護施設など）
「身内ではない」という遠慮がある
不満や苦情を、すべて口に出すわけではない
「介護のプロ」として、冷静に接することができる
以前の様子を知らない
要介護者
介護者（介護スタッフ）
●身内の場合
家族だという気安さがある
不満や苦情を言う
責められているように感じて、いらだつ
↓
自己嫌悪を感じる
↓
介護疲れがたまっていく
以前の様子を知っている
↓
・元気だったころと比べて、「できないこと」の多さなどにいらだつ
・「なぜ、こんなことに」と悲しくなる
要介護者
介護者

疲れの原因

自分を犠牲にするのが「よい介護」ではありません

大事な3つ

①生活のすべてを介護に費やさない
②介護者の生活や仕事を守ることは、とても大切
③介護を終えたあとの社会復帰について冷静に考える

生活スタイルや家族環境、要介護者の体調などによっては、同居や24時間体制の見守りが必要になることがあります。そのような場合、介護者が、引っ越しや転職・退職などを考えざるを得ないことも少なくありません。仕事をしながら介護をする場合、介護度が上がるほど、仕事との両立が難しくなります。親孝行をしたい気持ちがあるのはもちろん、周囲からの「子どもが親の面倒を見るのは当然」といったプレッシャーを感じることもあるかもしれません。でも、介護者の人生は、介護が終わったあとも続くのです。介護を理由に退職し、介護を終えた数年後に社会復帰をした場合、以前と同程度の待遇や報酬を得られる人は少ないでしょう。また、介護者が独身の場合、仕事をやめてしまったら、介護中の生活費をだれがまかなうのか？　という問題も出てきます。家族の介護は大切ですが、介護者自身の暮らしを守ることも大切。生活のすべてを介護に費やすことが、必ずしもよい選択とは言えません。要介護者の希望を聞いたうえで家族ともよく話し合い、後悔しない手段を選ぶことが大切です。

引っ越し・退職などを選択する際に考えておくこと

メリット

介護者

- 近くで見守ることができる
- 身内をはじめとする周囲からの期待に応えることができる
- 仕事と両立するための苦労がなくなる

要介護者

- 身内に世話をしてもらえるという安心感

デメリット

介護者

経済的な不安

〈転職した場合〉

- 収入減や待遇の悪化

〈退職した場合〉

- 経済的な不安　など

人生設計の変更

- 介護を終えたあとの、社会復帰に関する不安
- 子どもの進学、配偶者の仕事、住宅ローンの返済　など

介護の不安

- 介護者の心身の疲れ
- 本当に必要なケアが、在宅でどこまで可能か　など

要介護者

- 介護者とその家族の、将来への不安

疲れの原因

期待に応えようと、がんばりすぎていませんか？

大事な3つ

① 身近な人に、つらさを伝える
② できないことは、外部の力を借りる
③「できない」と言うことで、助けてもらえることもある

介護の負担を社会で支えるのが介護保険制度の理念ですが、実際は、中心となる身内の介護者が仕事と責任のほとんどを背負わされている場合が多いもの。そして、介護が続くうちに、介護者の努力が認められることが少なくなっていきます。例えば、いらだちをがまんしてにこやかに接しているのに、ほかの家族や要介護者から「当たり前のこと」と受け止められてしまう…。小さなことかもしれませんが、介護者にとっては大きなストレスの種になります。

こうしたすれ違いを減らすためには、介護者自身がおもいきって本音を漏らすことも有効です。まわりが「当たり前」と思うのは、介護者がつらさを表に出さず、スマートにこなしてしまうから。少し素直になって、身近な人には「つらい」「大変」と口に出してみましょう。そして、必要だと思うことについては、介護サービスを利用するなどの方法を相談してみては。ときには、「できない自分」を見せることも大切です。つらさを素直に伝えることで、過剰な期待がなくなったり、まわりからの手助けが得られるかもしれません。

「できない自分」を見せる効果

「できない」介護者

もう限界~
介護

・「疲れた」などとグチをこぼす
・まわりに「手伝って」と言う
・自分にとって苦手で難しい介護は、介護サービスの利用などをケアマネジャーに相談する

身内

介護って、大変なんだ

姉さんだって若くないから、疲れるだろう

姉さんだけにまかせて、悪かったな

↓

感謝やいたわりの気持ちが生まれる

↓

身内からの手助けが得られる

↓

手伝うよ
ポッ
介護

介護が少し楽になる

「できる」介護者

平気平気!
介護

・日常の介護は完璧!
・要介護者との関係も良好
・いやな顔をせず、グチも言わない

身内

介護に向いているんだ

もともと、母さんと仲がよかったから

姉さん、さすがだな!

↓

「できて当たり前」と思われる

↓

感謝やいたわりのことばが減る

↓

努力が認められない

自分だけに介護が押しつけられている

ストレス

介護疲れ

じゃあこれも
お願いね~
介護

疲れの原因

介護中心で、生活リズムが乱れていませんか？

大事な3つ

①体調を整えることで、介護疲れが軽くなることもある
②食事と睡眠のリズムを、できるだけ一定に
③家族や介護サービスの力を借りて、介護者の生活リズムを守る

心と体の疲れは別のもの、と考えがちですが、実際には、心と体は密接につながっています。そのため、イライラの原因が実は体調不良だったり、だるさが続くのは悩みごとがあるせいだったり…ということも起こってきます。介護疲れは心身両面のものですが、まずは体調を整えることで心の疲れを軽くするのに役立つ方法があります。

体調管理の基本は、睡眠と食事です。理想は、寝る時間・起きる時間や食事の時間をほぼ一定にして規則正しい生活を送ることですが、介護の状況によっては、それが難しいこともあるでしょう。睡眠不足にならないよう、昼寝の時間を確保するなどの工夫を。また、忙しいからと食事を抜いたり、不規則な時間に食べたりするのも、体のリズムを乱す原因になります。介護で疲れていると自分のことをあと回しにしがちですが、その結果、体調をくずしてしまうと、自分も家族も、さらにつらい思いをすることになります。家族や介護サービスの力を借りて、まずは介護者自身の生活リズムを整えることを心がけてみましょう。

生活リズムを整えるために役立つこと

夜中に起きる必要があるときは…

家族や介護サービスの力を借りて（通所介護、短期入所）、睡眠時間の確保を。体の疲れをとり、気分転換にも役立つ

早寝早起きを心がける

できるだけ決まった時間に寝て、決まった時間に起きるのが理想。朝、起きたらカーテンを開け、朝日を浴びるとリフレッシュできる

できれば軽い運動を

可能なら、要介護者の運動も兼ねて、散歩などを日課に。体を動かすことは気分転換になるうえ、夜、ぐっすり眠るためにも役立つ

食事は1日3回

食事は、朝・昼・夕の3回、きちんと食べる。とくに朝食は、体や脳が活動するエネルギーを補給するために、必ずとる

疲れの原因

ひとりで介護をかかえこんでいませんか？

大事な3つ

①家族全員で話し合い、介護の負担を分担する
②離れて住む家族には、経済的な援助を受けもってもらう
③役割分担は具体的に決め、家族全員で確認する

身内の介護は、同居や近くに住んでいる人、または長男・長女の負担が大きくなりがちです。いざ介護を始めると、離れて住んでいる身内はまったく介護に関わらない、という場合もあります。身内が協力できないと、中心となる介護者が、自分の生活のほとんどを介護に費やすことになります。当然、「なぜ、私だけが…」という不満も出てくるでしょう。

こうした事態を改善するためには、身内できちんと話し合い、具体的に役割分担をしておくことが有効です。遠くに住んでいて、直接手を貸せなくても、経済的な援助や電話での話し相手などの役割を受けもってもらうのもひとつ。ポイントは、「できる人が」「時間があったら」などと、あいまいな決め方をしないこと。「月に2回の通院の送り迎えは次男」「毎月、第2土曜日は長女が訪問する」など、いつ、だれが、何をするかを全員で確認しておきます。全員に役割をもたせることで、中心となる介護者の負担が軽くなるだけでなく、介護者以外の身内にとっては、介護を自分のこととして受け止めるきっかけにもなるでしょう。

役割分担の例

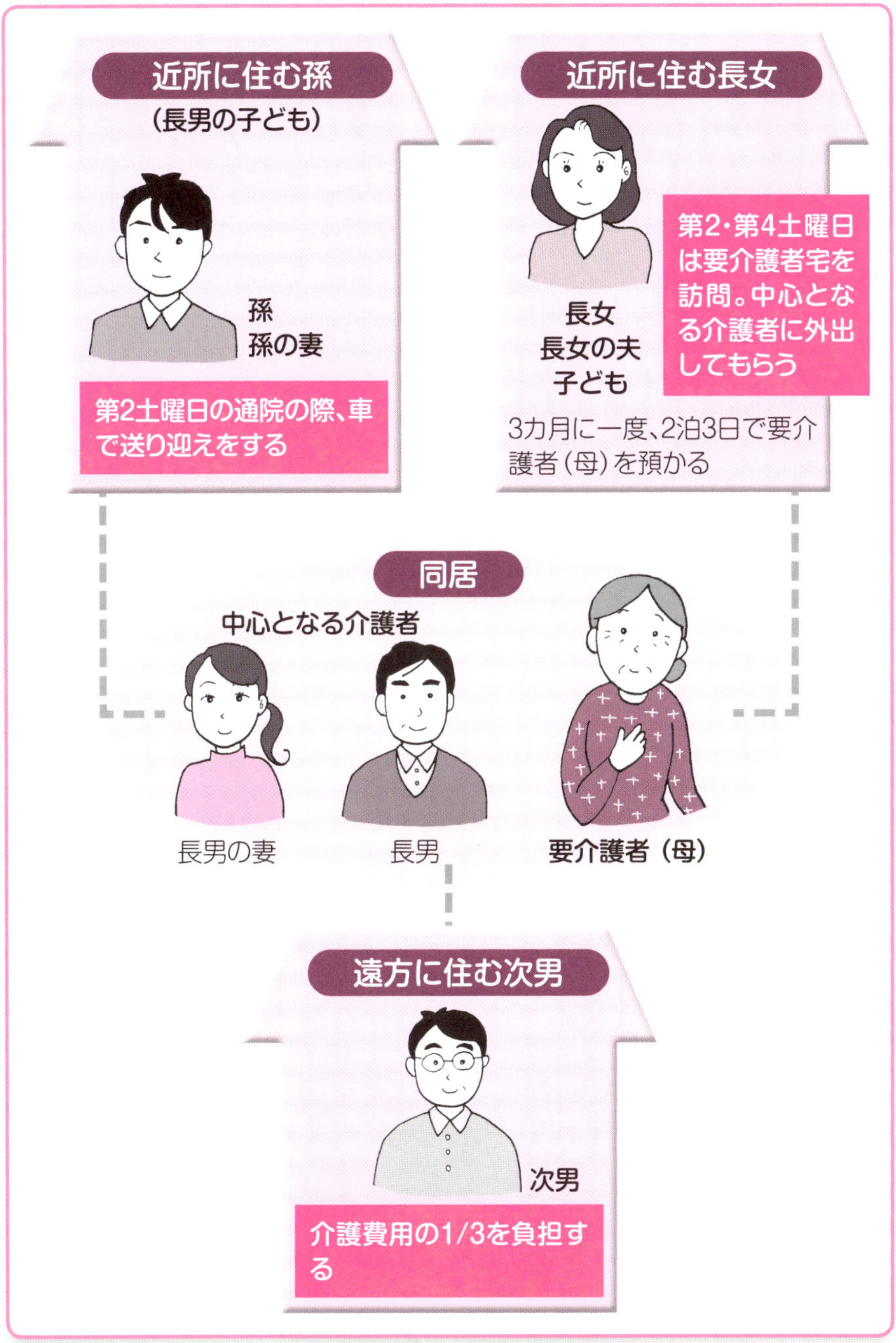
近所に住む孫
（長男の子ども）
孫
孫の妻
第2土曜日の通院の際、車で送り迎えをする
近所に住む長女
長女
長女の夫
子ども
第2・第4土曜日は要介護者宅を訪問。中心となる介護者に外出してもらう
3カ月に一度、2泊3日で要介護者（母）を預かる
同居
中心となる介護者
長男の妻
長男
要介護者（母）
遠方に住む次男
次男
介護費用の1/3を負担する

疲れの原因

他人のことばにふり回されていませんか？

大事な3つ

①理不尽な批判などには耳を貸さない
②批判するのは「何もわかっていない人」と割り切る
③批判に対する不快感は、信頼できる人に吐き出して解消する

毎日の介護の負担に加えて介護者を追い込むのが、身内や親せきからの心ないことばです。実際の介護に手を貸さない人ほど、口を出したがるもの。「〜すればいいのに」からはじまり、「子どもなんだから当然」「そんなやり方では、お母さんがかわいそう」など、不愉快なことを言ってくる人も少なくありません。やっかいなのは、言っている本人は「善意」のつもりの場合が多いこと。反論したり否定したりすると、「よかれと思って言ってあげたのに！」と関係がこじれてしまうこともあります。介護者のストレスを増やさないためには、理不尽な言い分は気にしないのがいちばんです。耳に入ってくることを聞き流すことが難しいようなら現状を知ってもらうチャンスにしましょう。「介護に正解はないのだから、自分ができることをきちんとしていれば、批判されるいわれはない」という態度は居直りともとられかねませんので注意が必要です。不快な話は「何もわかっていない人が言うこと」とわりきりながらも、モヤモヤした気持ちを、ケアマネジャーなど信頼できる人に相談しましょう。

批判や中傷が耳に入ったら…

信頼できる人やケアマネジャーにグチをこぼす

「気にしない」とは言っても、実は気になるのが普通。不愉快なことを言われたくやしさは、家族など、信頼できる人に話して発散する

真に受けずに、聞き流す

無責任な批判ができるのは、介護の実態を知らないから。「何もわからない人が言うこと」と聞き流し、そのことについて悩んだりしない

言われたことについて悩まない

無責任な中傷を真に受けて、「努力不足では」などと悩むのはやめる。家族の介護は、自分にできることを誠実にするだけで十分

相手の言い分に反論しない

理不尽なことでも、言った側にとっては「善意からのことば」であることも。反論するのではなく、現状を知ってもらうチャンスに

疲れの原因

「介護に終わりはない」と悲観していませんか？

大事な3つ

①介護から解放されたいと思うのは、自然なこと
②介護疲れがたまり過ぎたら、施設介護も検討する
③介護サービスを利用して、介護者の負担を軽くすることも可能

「いつまで続くか、わからない」という先行きの不透明さも、介護のつらさのひとつです。同居介護や近隣介護を続けている場合、介護の終わり＝要介護者が亡くなること、のように結びつけてしまいがち。そのため、介護から解放されたいと思っただけで要介護者に対して罪悪感を感じてしまうこともあります。でも、いっしょにいるあいだは一瞬も手が抜けず、この先何年続くかわからない介護から解放されたいと思うのは、ごく自然なこと。要介護者と介護者の体調や考え方、家族環境、介護者の社会復帰の必要性などを考えたうえで、介護施設への入所などを検討したほうがよい場合もあります。施設への入所が難しかったり抵抗があったりする場合は、介護サービスを上手に利用すれば、介護者の負担を軽くすることもできます。「介護中心の生活が、ずっと続くかも」と不安になるのは、心身に介護疲れがたまった証拠。介護の一部分をほかの身内や介護サービスに受けもってもらう方法を考えます。ひとりで背負うものが少なくなればゆとりも生まれ、介護中心の生活スタイルを変えていくことも可能です。

中心となる介護者の負担を減らす方法

居宅サービスの積極的な利用

要介護度などの条件を満たしていれば、在宅でもさまざまなサービスを利用することができる。まずはケアマネジャーに相談を

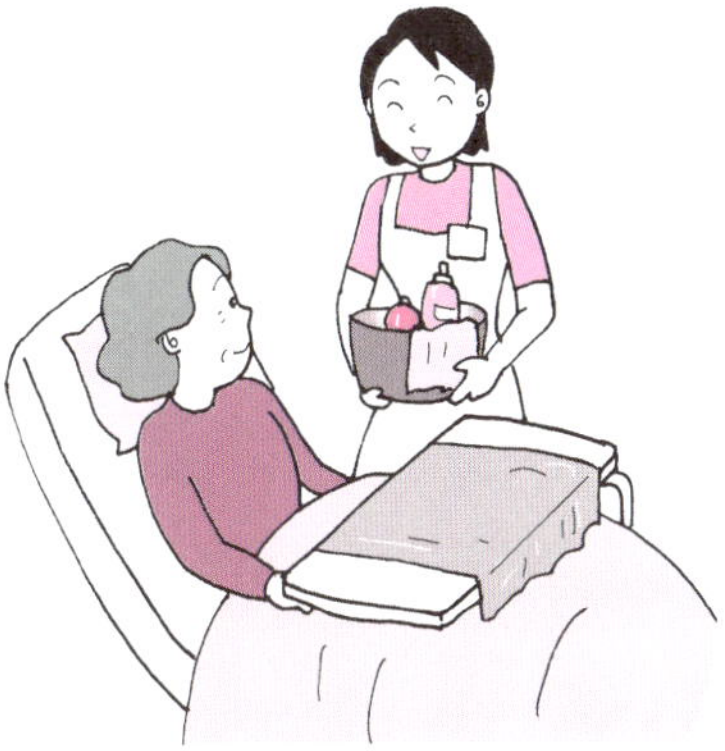

短期入所の利用

公的な介護施設には、短期間宿泊する「ショートステイ」のサービスも。数日間、介護から解放されるだけでも、介護者の気分転換に

自分の時間を確保して生活を変える

介護の負担を減らすことで、介護者の生活が変わる。自分のために使える時間が増えれば、外出やパートなども可能に

介護施設への入所

介護保険で利用できる公的な介護施設や、有料老人ホームへの入所を検討する。要介護度や病状、経済状態などを考えて施設選びを

疲れの原因

男性の介護者に多い疲れ ―「相談できない」

大事な3つ

①仕事の価値観を介護にもち込まない
②できないことを、無理にやろうとしない
③他人の力を借りるのも、介護に必要なスキルのひとつ

「中心となる介護者」の役割を果たす男性の多くが感じているのが、「相談できない」ための疲れです。一般的に、男性は、仕事以外の人間関係を築くのが苦手な傾向があります。また、仕事を通して、「自分の能力を評価される」ことをめざしたり、「自分が判断して選択をする」ことにプライドをもっていたりします。そういった価値観をそのまま介護にもち込んでしまうと、思うようにならないことばかり。とくに、それまで家事も家族にまかせきりだったような人の場合、無力感を感じることも多いでしょう。

介護のつらさをやわらげるためには、自分にできないことを認め、まわりの人や介護サービスの力を借りることも必要。でも男性の場合、頼ることを「みっともない」と感じ、ひとりで抱え込もうとする人が少なくありません。実際にこなせるのならよいのですが、十分なケアができなかったり、つい怒ったり、手が出て虐待につながることもあります。介護は、ひとりの力でできるものではありません。身内や地域の人に心を開き、相談したり頼ったりすることは恥ずかしいことではありません。

男性介護者のつらさをやわらげるコツ

できないことがあるのは当然、と割り切る

介護には技術や知識が必要なので、できないことがあるのは当然。不十分なケアは、要介護者に負担をかけることを忘れずに

仕事と介護は違う、と認識する

家族の介護と仕事は別のもの、としっかり自覚する。評価を求めたり、自分のプライドにこだわったりするのはやめる

頼るのも、スキルのひとつ

どんなに優秀な人でも、ひとりで介護をこなすのは無理。身内や介護サービスに上手に頼るのも、スキルのひとつ、と考える

地域社会で孤立しない

身内や友人、近所の人などとよい関係を保ち、迷ったら相談する。つらいときには、グチをこぼしてストレス解消を

個人的な知人や身内には相談したくない場合は、要介護者のかかりつけの医師やケアマネジャーなどに話してみるとよい

疲れの原因

女性の介護者に多い疲れ―「完璧を求められる」

大事な3つ

①家族の介護は「できて当たり前」のことではない
②女性だから、介護の苦労が少ないわけではない
③つらいときには、自分から身内の協力を求める

自宅で介護をする場合、介護者の仕事は、食事や入浴、排泄といった生活のケアが中心になります。そのため、家族の介護を「だれにでもできる生活の延長」のようなものとカン違いしている人も。とくに介護者が女性の場合、家事や子ども・高齢者の世話は「できて当たり前」と、とらえられがちです。でも実際には、毎日くり返さなければならない単調なケアは、とても大変なもの。女性だから介護の苦労が少ない、ということはありません。

まわりの人、とくに身内の理解が得られないことは、女性の介護者を追いつめる原因になります。がんばって介護をしているのに、感謝されるどころか、批判されることもあるはず。常に「もっと、もっと」と完璧をめざさなければならないのは、とてもつらいものです。疲れを感じたときは、がまんしてがんばるのではなく、周囲に協力を求めましょう。「女性だから」という理由で、すべてをかかえ込む必要はありません。まずは、自分以外の身内にも介護を体験してもらうことが必要。大変さを実感してもらい、介護の苦労を共有することをめざしましょう。

女性介護者のつらさをやわらげるコツ

自分の評判を気にしすぎない

がんばりすぎる理由のひとつが、「評価されたい」という思い。でも、家族の介護は正当な評価が得にくいもの。現状をすなおに話すチャンスととらえる

介護は大変な仕事、と自覚する

介護は、日常生活の延長ではありません。まわりにがんばりを認めさせるには、介護者自身が「介護なんて簡単」などと思わないことが大切

被害者意識をもたないようにする

「私だけが介護を押しつけられている」などと考えるのは、身内全員にとってマイナス。被害者意識をもつ前に、負担を減らす方法を考える

自分から「手伝って」と言う

介護は本来、身内が全員で分担するべきもの。つらくなったときは、手助けを待つのではなく、自分からはっきり「手伝って」と意思表示を

COLUMN

介護が必要になったとき、だれに頼みたいか？

介護が必要になったとき、最初に上げられるのは「配偶者」です。男性の場合は半数以上の人が、配偶者つまり「妻」に頼みたいと思っています。それに対して「配偶者」と答えた女性は20%以下です。男女の寿命の差や平均的な年齢差などを考え、夫を頼りに考えていない女性が多いことがわかります。子を頼りにしている男性は10%で、女性は30%。夫は妻より早く逝くと考え、妻は自分のほうが長生きすると考えているからのようです。男女どちらも、子よりも介護サービスに期待している傾向があります。

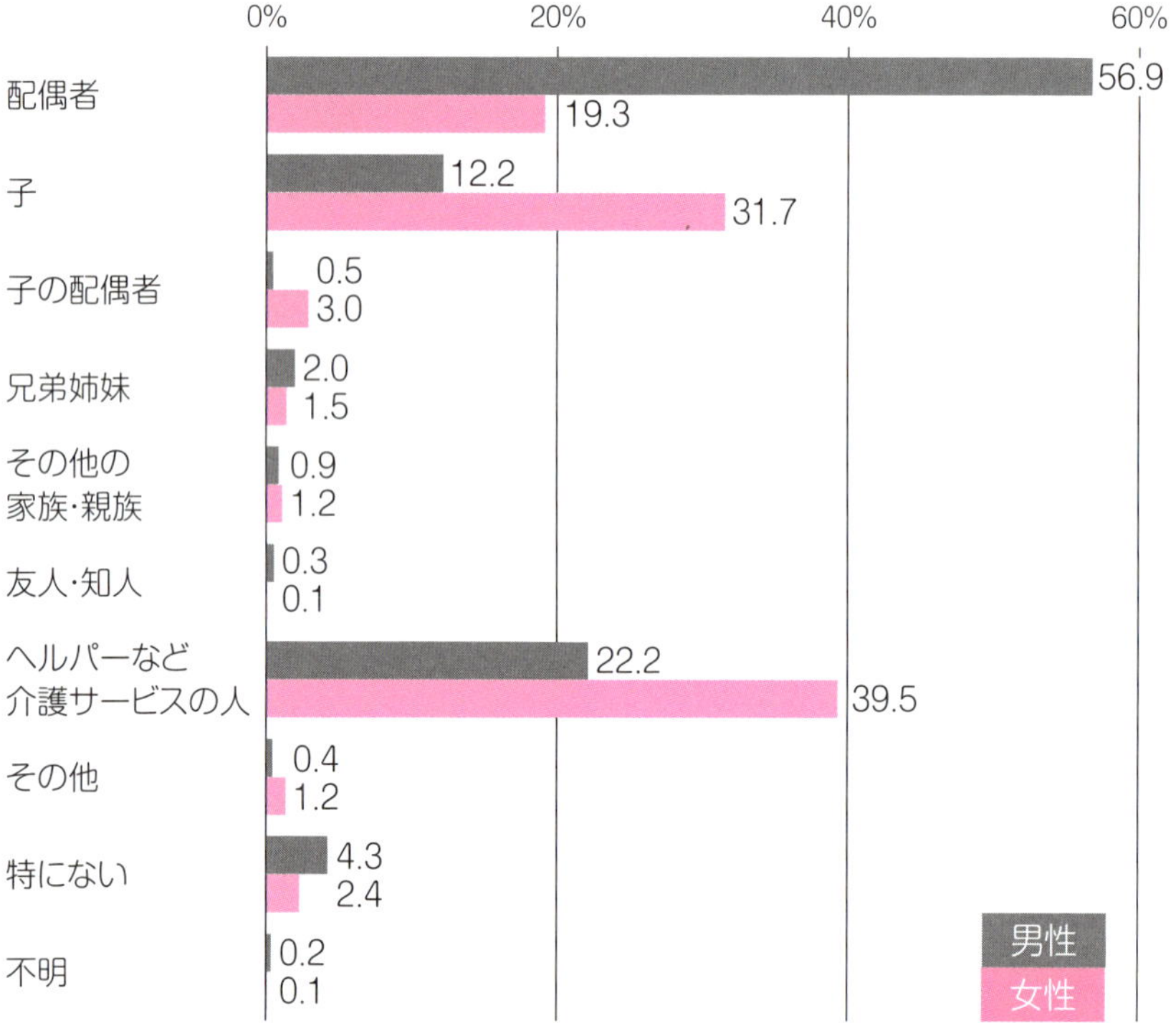

※内閣府「高齢者の健康に関する調査」（平成29年）　（注）調査対象は、全国の55歳以上の男女

第3章

介護でいきづまった心を軽くする方法

本人の疲れ

自分の考え方のパターンを知りましょう

大事な3つ

①人の考え方には「クセ」のようなものがある
②自分の考え方のパターンを自覚する
③つらいときは、自分の考え方のパターンをふり返ってみる

同じ状況で同じことが起こった場合でも、受け止め方は人によって異なります。たとえば、時間をかけてつくった食事に要介護者が手をつけなかった場合を考えてみましょう。「食欲がないのか」と、体調を心配する人もいれば、「口に合わなかったのか」と、料理の味を気にする人もいるでしょう。相手との関係によっては、「私にいやがらせをしているのでは」などと感じてしまう人もいるかもしれません。起こったできごとをどうとらえるかには、それぞれの人に「クセ」のようなものがあります。悲観的になりがちだったり、自分に厳しすぎたりする考え方は、介護疲れを増す原因にもなります。

とはいえ、すでに身についている考え方を切り替えるのは難しいもの。でも、自分の考え方のパターンを知っておくことは大切です。「私は悲観的に考えがちだ」と自覚していれば、つらくなったとき、「また、悪いほうに考えすぎているのかもしれない」と気づくことができます。その結果、ものごとを別の角度から見る余裕が生まれ、ストレスをやわらげることにも役立つでしょう。

心を疲れさせる考え方のパターンの例

自分を責める
自分と関係のないことまで、「自分のせい」と考える

先を読みすぎる
「自分がこう言ったら、相手はこうするだろう」と先読みして不安になり、予想通りにいかないとがっかりする

他人とくらべる
「～さんにはかなわない」など、何でも他人と比較して「負けている」「負けたくない」などと張りあってしまう

悲観的に考える
「もし～だったら」と、最悪の場合を考えて不安になり、いらだつ

自分に厳しい完璧主義
なんでも100%こなせなければ意味がない、と考える

悪いことを大げさにとらえる
いやなこと、悪いことが1度でもあると、「いつもこうだった」「また、あるかも」と思い込む

本人の疲れ

自分の気持ちと向き合ってみましょう

大事な3つ

①疲れを感じたら、疲れの原因を考えてみる
②自分にとって「何がつらい」のかを自覚する
③本心に気づけば、つらさをやわらげる工夫もできる

介護に疲れてくると、すべてを投げ出したい気持ちになることがあります。そんなときは、自分の気持ちにきちんと向き合ってみることも大切です。漠然と「こんな生活はイヤだ」と片づけるのではなく、自分にとってつらいこと、不愉快なことなどを具体的に考えてみましょう。たとえば、食事のケアを負担に感じている場合でも、そこに含まれる「何」がイヤなのかは人それぞれです。食事作りが面倒、食事介助に時間をとられる、あまり食べてくれない、感謝してもらえない…。不満に気づいたからといって変えられないこともありますが、まずは自分の気持ちをきちんと知ることが大切です。

毎日、がまんを続けて張りつめていると、「本当はどう感じているのか」がわからなくなってくることがあります。感情を押さえ込むことは、心を疲れさせる原因のひとつです。自分の本心に気づけば、「がまん」を減らしていくことも可能。たとえば「食事作りが苦手」と自覚できれば、レトルト食品や食事の宅配システムを利用するなど、つらさをやわらげる工夫にも目を向けることができるでしょう。

がまんを減らすためにできること

1 自分が、何を負担に感じているのかを考える

食事のケアがイヤ

2 つらさやいらだちの原因を、さらに具体的に考える

要介護者の食事作り
→手間がかかって大変

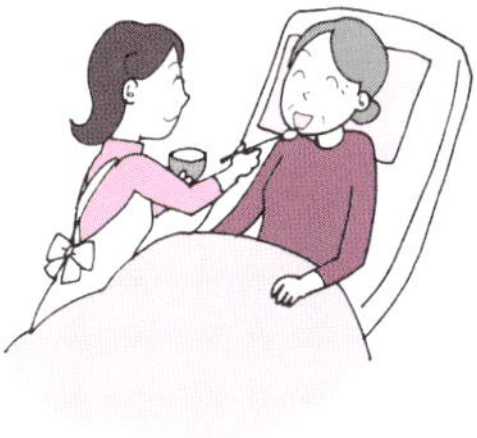

食事の介助
→とくに問題はない

要介護者の言動
→手間をかけて作ったものを食べてくれないとがっかりする

3 自分が「がまんしているポイント」を自覚する

要介護者のために心をこめて食事を作っているのに、あまり食べてくれないことがある。
→手間をかけたことがムダになったようで、がっかりするし、腹立たしい

4 介護者側が変えられることと、変えられないことを考える

●変えられること

食事作り
→時間短縮のため、下ごしらえ済みの食材やレトルト食品を利用する

●変えられないこと

要介護者が食欲がないことがあるのは、しかたがない

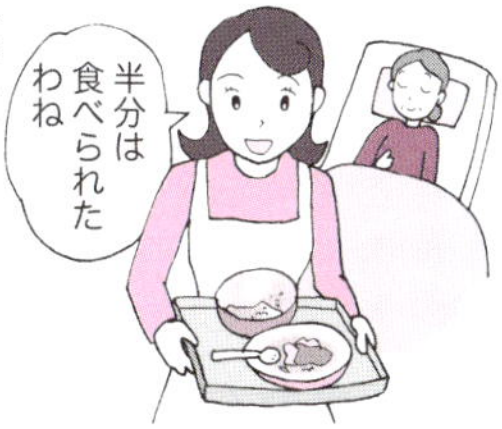

5 介護者側が変えられることを、介護にとり入れてみる

レトルト食品などの利用
→食事作りの時間が短縮される
→要介護者があまり食べないことがあっても、落胆が少なくなった

本人の疲れ

ストレスから逃げることも大切です

大事な3つ

①自分の努力では改善できない問題もある
②つらさに耐えるのが「よい介護者」ではない
③介護疲れを防ぐには、ストレスから逃げることも必要

介護疲れの原因には、さまざまなものがあります。介護のしかたの工夫によって改善できることもありますが、介護者側からの働きかけでは変えられない問題もあります。たとえば、要介護者やその他の身内などとの人間関係。たとえ相手の言動に問題がある場合でも、自分以外の人をコントロールすることはできません。また、介護に多くの時間を割かれることも、介護者にとってはつらいもの。でも、介護を投げ出してしまうことはできません。

こうした問題を改善しようとするのは、「くたびれもうけ」になりがち。苦手な相手への歩み寄りは必要ですが、がまんを続けるのは、ストレスがたまります。介護に拘束されることも受け入れざるを得ませんが、つらい気持ちのままがんばり続けるのには限界があるでしょう。そんなときは、逃げるが勝ち。家族や介護サービスの力を借りて、苦手な相手と距離をおいたり、自分の時間をつくってみましょう。つらさに耐えることは、「美徳」ではありません。介護疲れで自分を追い込まないためには、ときにはストレスから「逃げる」ことも必要なのです。

ストレスから逃げる方法

他人は他人、と割り切る

他人の性格や考え方を変えることはできない。不快な言動は無視し、気にしすぎないようにする

つきあいにくい人とは距離をおく

接するのがつらい相手とは、無理に親しくなろうとするより、上手に距離をおく方法を考える

自分の時間をつくる

短時間でもよいので自由時間をつくり、介護のことは忘れて自分自身が楽しむ

苦手なことは人に頼む

苦手なことまでがんばりすぎず、家族に頼んだり、介護サービスを利用したりすることも検討する

本人の疲れ

「ベスト」ではなく「ベター」をめざす

大事な3つ

①完璧な介護をめざさない
②反省するより、「よかったこと」に注目しよう
③「よかったこと」が1日にひとつでもあれば、介護は成功！

家族による介護には、「ここまでやればよい」というゴールがありません。そのため、まじめな人ほど「もっと、もっと」と、仕事を増やしてしまう傾向があります。もちろん、要介護者が心地よく暮らせるように努力するのはよいことですが、がんばり過ぎは介護疲れのもと。介護者自身の心身の健康を保つことも忘れてはいけません。

おすすめなのは、「ベスト（完璧）」ではなく、「ベター（よりよい）」な介護を心がけること。「できなかったこと」「改善すべきこと」を気にして、反省ばかりするのはやめましょう。それより、「うまくできたこと」「要介護者に喜んでもらったこと」に注目して、自分をほめてあげてみましょう。「夕食の煮魚を〝おいしい〟と言ってもらった」など、小さなことでかまいません。ひとつでもよいので「よかったこと」をつくるのを、毎日の目標にしてみましょう。要介護者との暮らしの中に喜びがあるだけで、「ベターな介護」は大成功。小さな喜びの積み重ねは、介護者の心を癒《いや》すのに役立つだけでなく、要介護者の満足度アップにもつながります。

ベターな介護とは

要介護者の喜びに注目する

どんなことでもよいので、要介護者に喜んでもらえたことが1日にひとつでもあればよい、と考える

完璧をめざさない

ゴールがないので、「完璧」はありえない。完璧をめざすと、自分が追いつめられてしまう

喜んでもらえたら、自分をほめる

要介護者に喜んでもらえることがあったら、自分で自分をほめる。できれば家族にも報告を

「できなかったこと」を気にしすぎない

できなかったことにばかり目を向けると、介護がますます「つらい仕事」になってしまう

本人の疲れ

ものの見方を少しだけかえてみましょう

大事な3つ

①介護疲れを防ぐためには、発想の転換も必要
②「～するべき」と考えないようにする
③「ときにはイヤなこともある」と割り切る

介護者にとって、家族の介護は理不尽なことの連続です。ひとりで介護を引き受けているのに、だれからも認められず、お礼さえ言われないことも珍しくありません。実際には何も手伝わないのに、批判ばかりする身内がいる場合もあるでしょう。イライラしたり、落ち込んだりするのを防ぐためには、介護者が発想を切り替えることも必要です。

まずは、「～するべき」と考えないこと。「～するべき」という発想は、周囲の考え方や評価、行動パターンをベースにしている場合がほとんど。すべての人にあてはまるとは限らないので、それが当然と思っていると、自分を追いつめることになります。そして、「イヤなこともある」とわりきること。社会生活を送るうえで、ときには不愉快な思いをさせられるのは、しかたがないこととも言えます。働いた経験のある人は、介護を「仕事」と、とらえてみると、気持ちの整理がつくこともあるかもしれません。ストレスを減らすためには、一歩引いて考えてみることも大切。少し視点を変えるだけで、つらさがやわらぐ場合もあります。

視点を変えてみることの効果

何もしない身内から
批判される
何も手伝わない
人が、
口を出して
くるなんて
おかしい！
腹立ち
家族から、
感謝のことばがない
家族は、
私がひとりで
介護するのを
当然と
思っているの!?
不満
視点をかえて…
どんな仕事をしていても、
理不尽なことを
言ってくる人はいるなあ
夫：口べた
→感謝していても、ことばにできないのかもしれない
娘：就職活動中
→就職活動が大変で、母に気配りをする余裕がないのかもしれない
求人案内
だれでも、イヤな思いを
することがある
「感謝のことばがない理由」が
見える

本人の疲れ

社会とのつながりを保ちましょう

大事な3つ

①社会から孤立しないように注意する
②介護中も、友だちづきあいや趣味の活動を続けるのが理想
③外出が難しい場合は、電話やメールで人とのつながりを保つ

自宅で介護を始めると、介護や家事に多くの時間をとられるようになります。自然と外出の機会が減って自宅に閉じこもりがちになり、介護者が孤独感に苦しむことも少なくありません。介護者が仕事をもたずに介護に専念している場合はとくに、意識的に社会とのつながりを保つことも大切です。同居の家族がいるから大丈夫、と思う人もいるかもしれませんが、おとなには家族以外の人間関係も必要。社会から取り残されたようなさびしさやむなしさは、家族との生活で埋められるものではありません。

介護者のためにもっともよいのは、定期的に自由時間を確保すること。友だちづきあいや趣味の活動を続け、ショッピングや映画なども楽しみましょう。どうしても長時間の外出が難しい場合は、電話やメール、手紙などで、友人や知人とのつながりを保つ工夫を。同時に、可能な範囲で地域の行事などにも参加し、地域社会に居場所を見つける努力をしてみましょう。自宅で受講できる通信講座などを利用して、介護を終えて復職する際に役立つ勉強をしたり、趣味を楽しんだりするのもおすすめです。

社会とのつながりを保つためにできること

友だちづきあいをやめない

ときどき会ってお茶を飲む程度でもよいので、友人・知人とのつながりを保つ

電話でおしゃべりをする、メールや手紙をやりとりする、などの方法で、ふだんからこまめに連絡をとりあうとよい

外出できる自由時間を作る

介護から解放される時間を確保し、友人と会ったり、習いごとを楽しんだりする

おしゃれをして出かけたり、外食をするだけでも、気分が変わる。ときには、自分のためのショッピングも楽しんで！

通信講座で学ぶ

講師とやりとりしたり、新しい知識や技能を身につけたりすることも、孤独感の解消に役立つ

地域社会に溶け込む

近所づきあいを積極的にする、地域の行事に協力するなど、地域での人間関係を築く

本人の疲れ

ときにはグチをこぼしましょう

大事な3つ

①だれかに話すことは、ストレス解消に役立つ
②疲れたときは、信頼できる家族や友人にグチをこぼす
③グチの目的は問題解決ではなく、すっきりすること

介護疲れを予防・改善するいちばんのポイントは、ストレスを上手に解消することです。介護をしているかどうかにかかわらず、ストレスがまったくない生活を送るのは難しいもの。そのため、ストレスを「なくす」ことより、「解消する」ことを心がけたほうが有効だと言われています。ストレス解消に役立つもっとも簡単な方法のひとつが、他人に話すこと。不満やいら立ちをひとりで抱え込んでいると、何でも悪いほうに考えてしまいがちです。でも、だれかに聞いてもらうだけで気持ちが軽くなり、ものごとを別の角度から見ることもできるようになります。

介護がつらくなったときは、気軽に話せる友人や家族に、遠慮なくグチをこぼしましょう。問題を解決しようとしたり、話に筋を通そうとしたりする必要はありません。介護者が自分の気持ちをはき出し、すっきりすることができれば十分です。ただし、男性には、他人に弱みを見せるのが苦手な人も。身近な人にグチを言いたくないなら、ケアマネジャーや要介護者のかかりつけの医師などに、「相談」という形で話を聞いてもらうとよいでしょう。

グチの効果

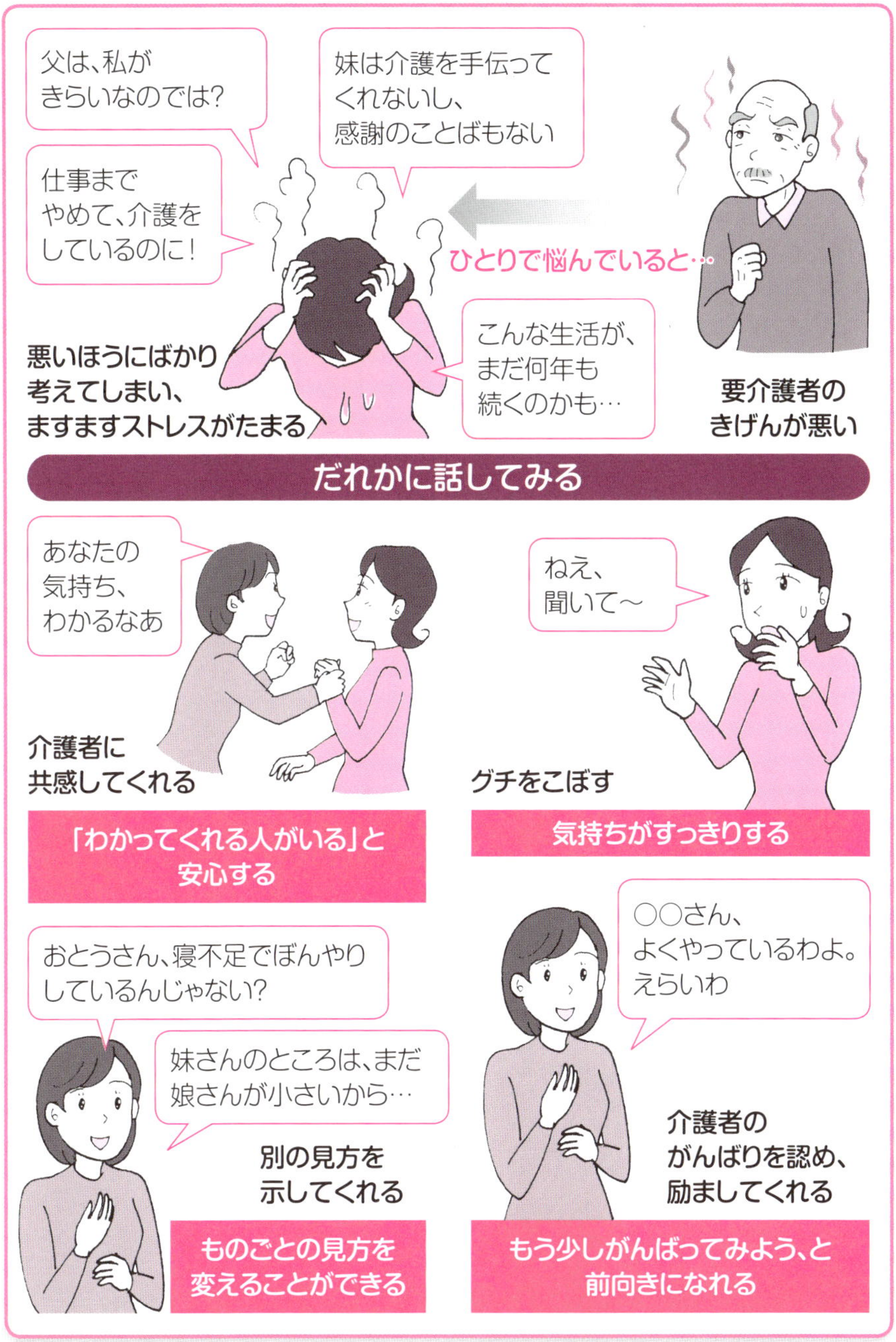
父は、私が
きらいなのでは?
仕事まで
やめて、介護を
しているのに!
妹は介護を手伝って
くれないし、
感謝のことばもない
ひとりで悩んでいると…
こんな生活が、
まだ何年も
続くのかも…
悪いほうにばかり
考えてしまい、
ますますストレスがたまる
要介護者の
きげんが悪い
だれかに話してみる
あなたの
気持ち、
わかるなあ
介護者に
共感してくれる
「わかってくれる人がいる」と
安心する
ねえ、
聞いて～
グチをこぼす
気持ちがすっきりする
おとうさん、寝不足でぼんやり
しているんじゃない?
妹さんのところは、まだ
娘さんが小さいから…
別の見方を
示してくれる
ものごとの見方を
変えることができる
○○さん、
よくやっているわよ。
えらいわ
介護者の
がんばりを認め、
励ましてくれる
もう少しがんばってみよう、と
前向きになれる

本人の疲れ

介護用品を上手に活用しましょう

大事な3つ

①介護用品を使うことで、介護者の体への負担が軽くなる
②適切な介護用品を使うことは、自立支援にも役立つ
③レンタル・購入費用に介護保険が適用される介護用品もある

介護の「疲れ」は、精神的なものだけではありません。要介護者の病状や体調にもよりますが、移動や入浴などの介護には体力が必要です。とくに、介護の技術をもたない一般の人の場合、体への負担が大きくなりがちで、介護者は体の疲れにも悩まされることになります。身体介護が大変なときは、無理をせず、介護者の負担を軽くする方法を考えましょう。つらさをがまんして続けていると、介護者まで体を傷めてしまうことがあるので要注意です。

体への負担を軽くするために有効なのが、介護用品を利用することです。介護用品にはさまざまなものがありますが、どれも、介護のしやすさと、要介護者にとっての便利さ・快適さを考えてつくられています。適切なものを利用することで、介護者の負担が軽くなるだけでなく、要介護者の自立支援にも役立ちます。また、介護用品のなかには、介護保険を利用してレンタルまたは購入できるものもあります。ただし、介護保険の適用には細かいきまりがあるので、用具選びの際は、かかりつけの医師やケアマネジャーに相談するとよいでしょう。

介護保険でレンタル・購入できる介護用品

レンタル 費用の原則１割の自己負担で借りることができる

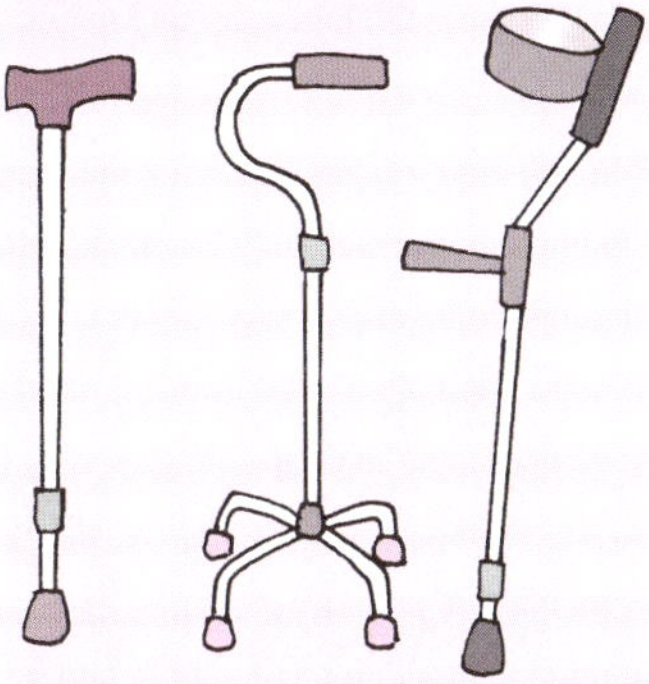

歩行補助つえ
歩行器
スロープ
（大がかりな取り付け工事が不要なもの）
手すり
（大がかりな取り付け工事が不要なもの）

要介護2以上の人だけがレンタル可能

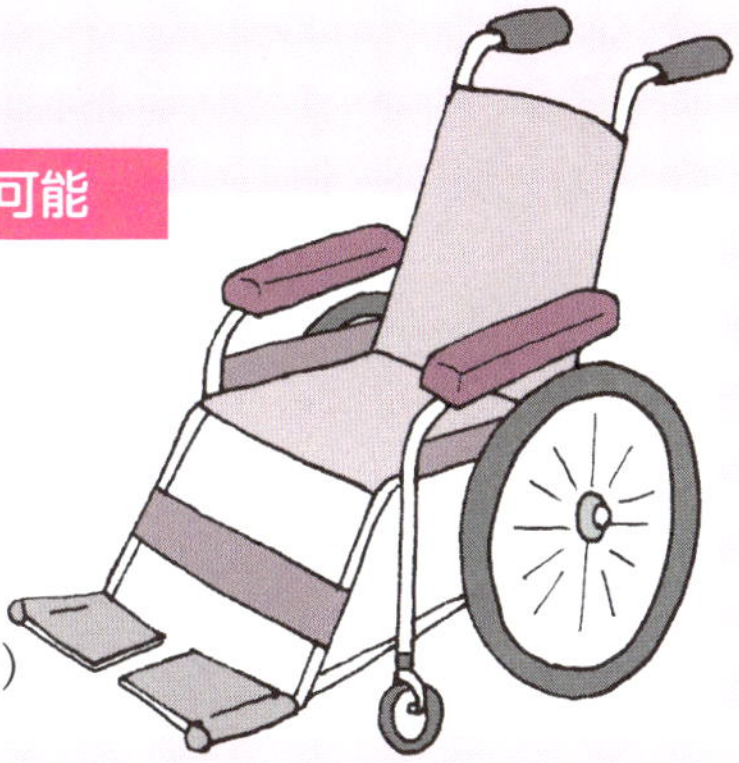

車いすと、その付属品
介護用ベッドと、その付属品
体位変換器　床ずれ防止用具
認知症高齢者徘徊感知器
移動用リフト（吊り具の部分を除く）
自動排泄処理装置（原則要介護4以上）

購入 各年度につき10万円分まで、費用の1割負担で購入することができる

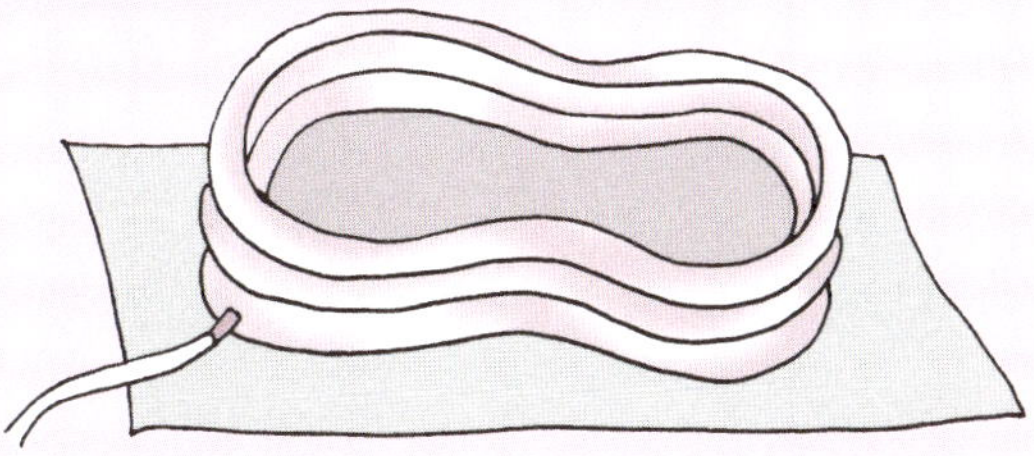

腰かけ便座　入浴補助用具　簡易浴槽
特殊尿器　移動用リフトの吊り具の部分
自動排泄処理装置の交換可能部品

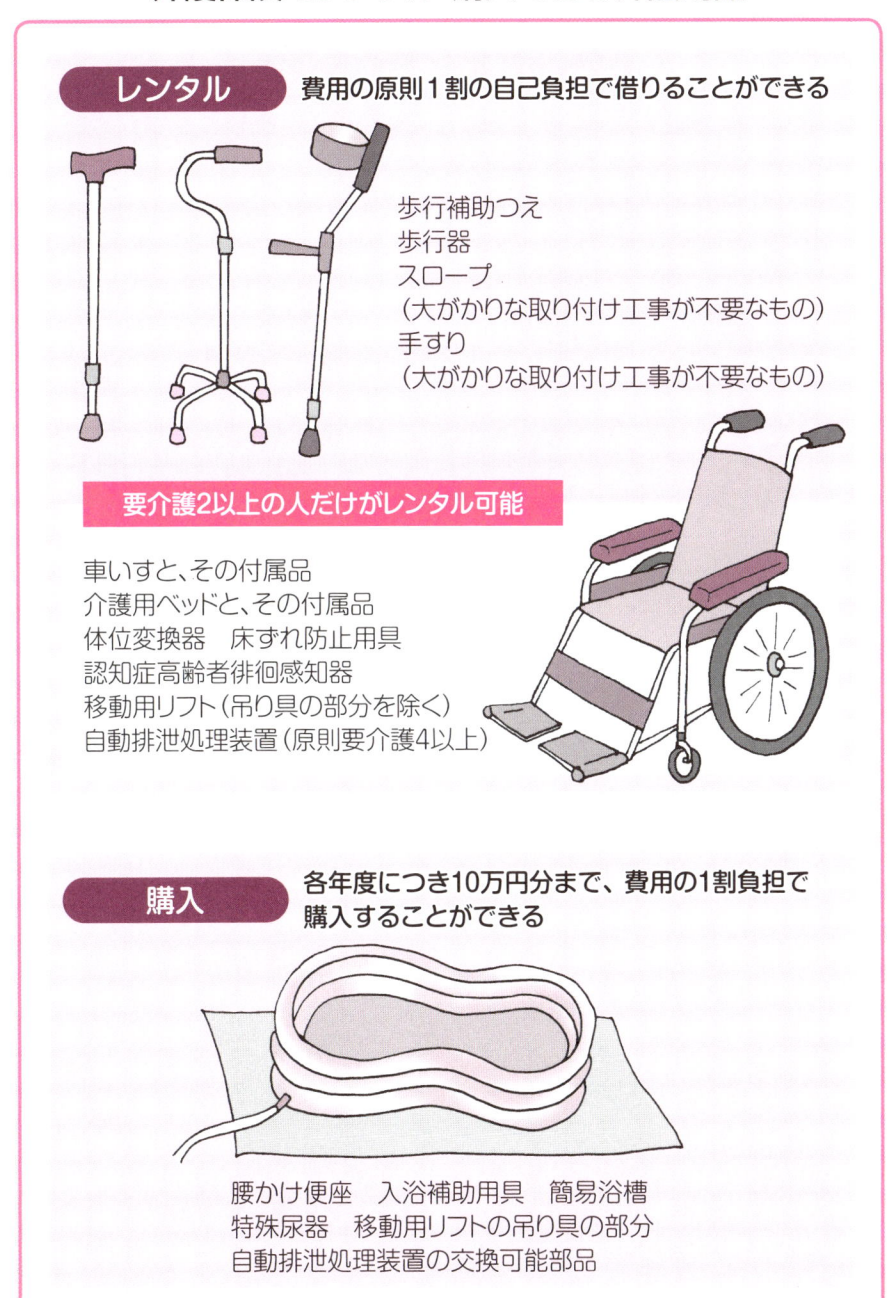

本人の疲れ

介護保険制度を利用しましょう

大事な3つ

①介護保険のサービスを積極的に利用する
②介護を長く続けるためには、外部の助けが不可欠
③プロのスタッフにまかせたほうがよいケアもある

介護の負担を軽くするためには、介護保険のサービスを上手に使うことも大切です。介護保険に関する知識がないとケアマネジャー任せになりがちですが、本当に必要な支援は当事者でなければわかりません。まずは、要介護者と家族が、「提案されたケアプランに従う」のではなく、「積極的にサービスを利用する」という意識をもつこと。「こんな助けがほしい」と、ケアマネジャーにどんどん働きかけていきましょう。介護サービスは、要介護度や家庭環境などの条件によって、利用できる種類や支給限度額が異なります。希望があれば、遠慮なくケアマネジャーに伝え、よく検討したうえで利用のしかたを決めることが大切です。他人の手を借りることに抵抗を感じる人もいるでしょうが、何年も続く介護を乗りきるためには、外部の助けが欠かせません。また、プロのスタッフが行うほうが、要介護者のためになるケアも多いのです。介護サービスは、介護に耐えきれなくなったときに頼るものではなく、介護を無理なく続けるために使うもの。介護疲れを感じる前から、計画的に利用するのが理想です。

介護の負担を軽くしてくれる主な居宅サービス

自宅に訪問

・**訪問介護**
ホームヘルパーなどが自宅を訪問し、介護や生活支援を行う

・**訪問入浴介護**
簡易浴槽を自宅に持ち込み、入浴の介助を行う

・**訪問看護**
看護師が自宅を訪問して医療的なケアを行う

・**訪問リハビリテーション**
専門家が自宅を訪問し、リハビリテーションを行う

・**居宅療養管理指導**
専門家が自宅を訪問し、療養のための指導を行う

・**夜間対応型訪問介護**
事業者が、夜間に自宅を訪問し、必要な介護を行う

・**定期巡回・随時対応型訪問介護看護**
夜間対応型訪問介護に訪問看護が加わったサービス

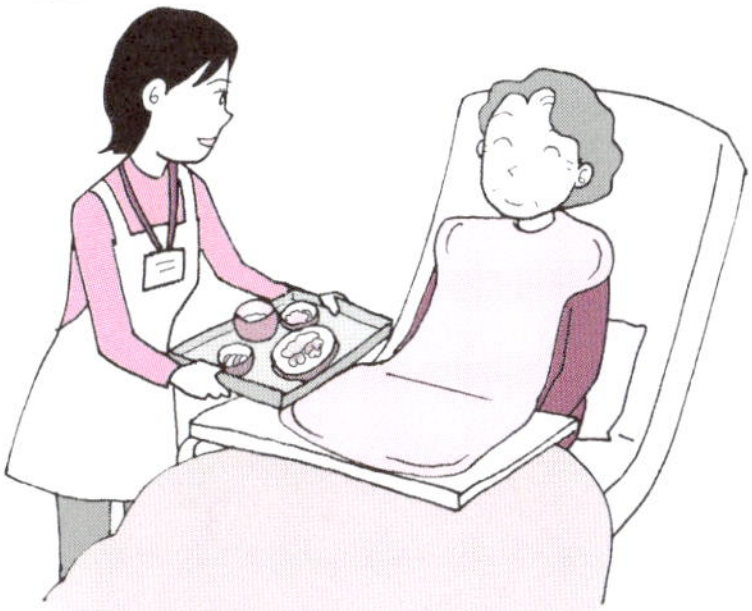

施設に宿泊

・**短期入所生活介護・短期入所療養介護**
施設に数日間入所し、介助や医療的なケアを受けながら過ごす

・**特定施設入居者生活介護**
有料老人ホームなどで受けられる介護サービス

宿泊・通所・訪問がセット

・**小規模多機能型居宅介護**
通所介護を中心に、訪問介護と短期入所サービスも利用することができる

・**看護小規模多機能型居宅介護**
看護を中心に通い・泊まり・訪問を組み合わせたサービス

施設に通って利用

・**通所介護**
要介護者が施設に通い、日中の数時間を施設で過ごす

・**地域密着型通所介護**
通所介護のなかでも、小規模な施設を希望する場合は、利用定員が18人以下の小規模型の通所介護であるこのサービスを利用する

・**通所リハビリテーション**
要介護者が施設に通い、主にリハビリテーションを行う

・**認知症対応型通所介護**
認知症の人が専用の施設に通い、日中の数時間を施設で過ごす

本人の疲れ

体をほぐしてリラックスしてみましょう

大事な3つ

①体と心は密接につながっている
②体をほぐすことで、心の疲れも改善できることがある
③疲れを感じたら、リラクゼーション法を試してみる

介護疲れがたまると、ちょっとしたことでイライラしたり、気分が落ち込んだり…。肩こりや頭痛など、体の症状に悩まされる人もいるかもしれません。病気ではないのに心身の不調が続くのは、緊張が続いている証拠です。少しでも介護を離れて自分の時間を作ることができればベストですが、それが難しい場合も多いもの。そんなときは、手軽にできるリラクゼーション法を試してみましょう。

「リラクゼーション法」といっても、特別なことをする必要はありません。基本は、いったん体に力を入れたあと、一気に脱力すること。こうすることで、緊張していた筋肉が自然にゆるみます。力を抜いたとき、体が楽になるような感覚がじわっと広がれば、筋肉がゆるんでいる証拠です。心と体は密接につながっているため、体をほぐすことは、心をほぐすことにもつながるのです。このほか、軽くストレッチをしたり、深呼吸をしたりするのもおすすめ。方法にこだわるより、自分が「楽になった」と感じることが大切です。気分転換を兼ねて、無理のない範囲で、自分に合った方法を探してみましょう。

簡単にできるリラクゼーション法の例

首まわし

ゆっくりと首を左右に回す

深呼吸

下腹がふくらむのを意識しながら、鼻からゆっくりと息を吸う

下腹をへこませながら、口からゆっくりと吐き出す

肩のリラクゼーション

いすに座り、両肩に力を入れながら上に持ち上げる

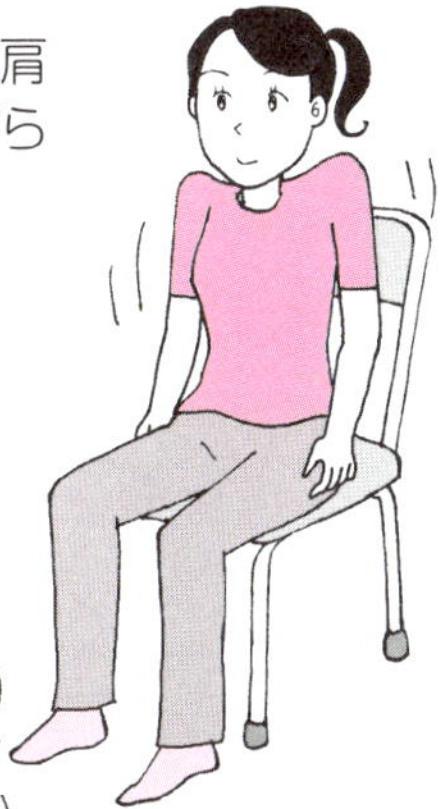

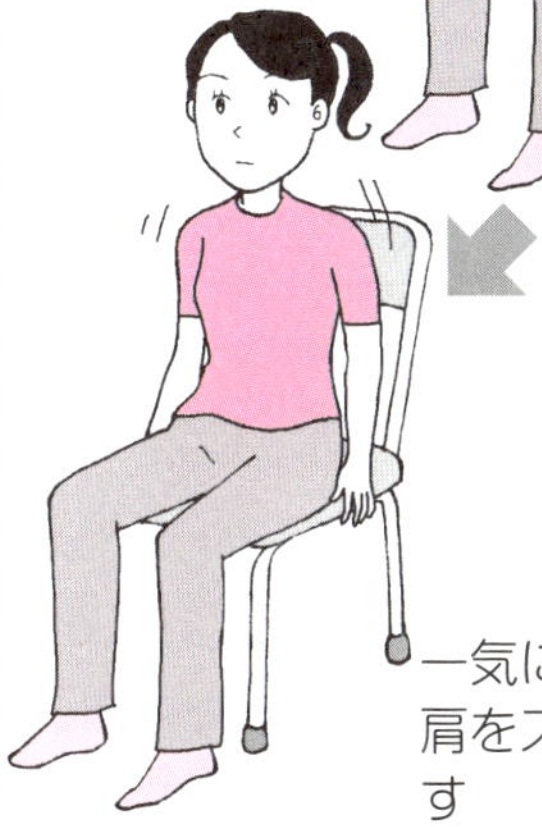

一気に力をぬき、肩をストンと落とす

顔のリラクゼーション

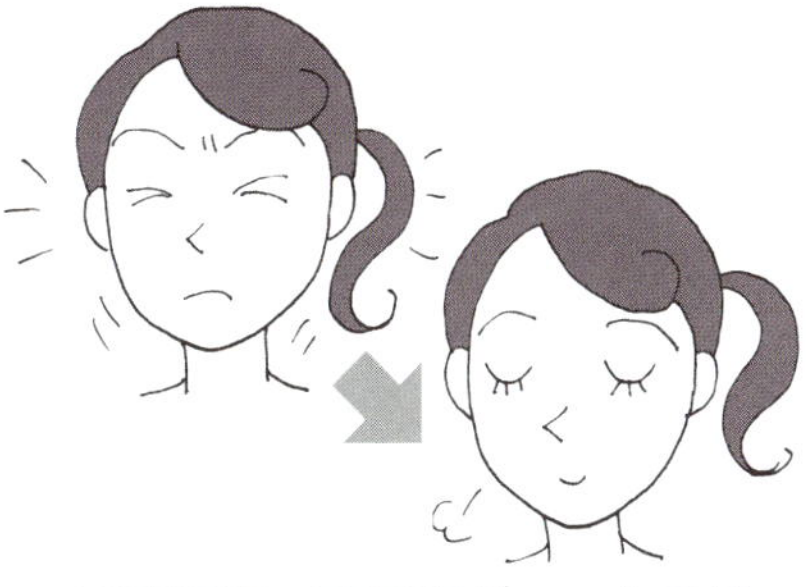

いすに座って目をギュッとつぶったあと、目をつぶったまま一気に力をぬく

※体調が悪いときは行わない　※痛みや不快感を覚えたら、すぐにやめる

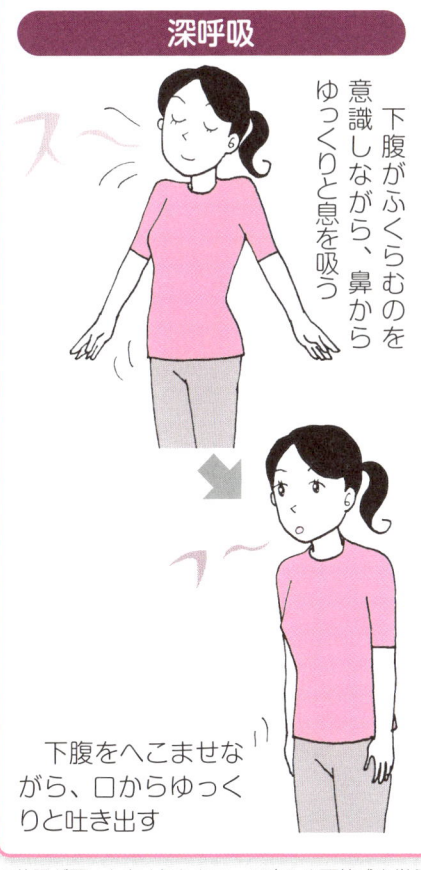

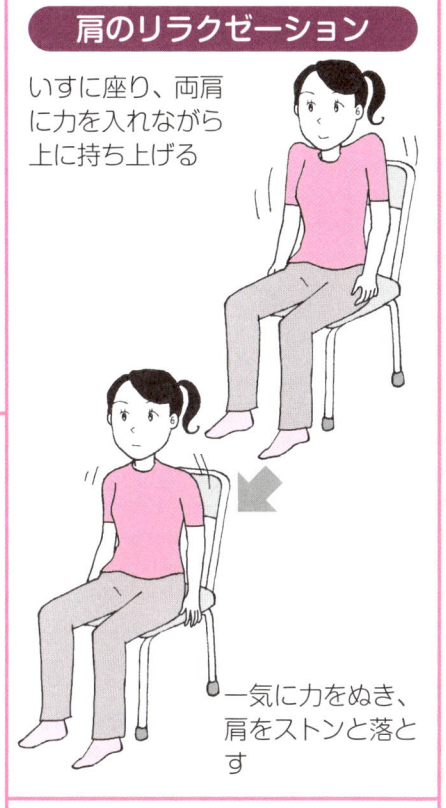

主たる介護者へのサポート

主たる介護者への感謝とねぎらいを忘れない

大事な3つ

① 中心となる介護者の努力と苦労を忘れない
② 感謝やねぎらいの気持ちをこまめに伝える
③「言わなくてもわかる」と思わず、ことばにすることが大切

家族の介護はできるだけ多くの身内で協力しあって行うのが理想ですが、実際には、中心となる介護者に負担が集中してしまうことがほとんどです。家族の介護は、長く続けていくうちに、日常生活の一部のようになりがち。中心となる介護者が毎日大変な思いをしているのにもかかわらず、その他の家族にはそのようすが伝わらず、介護者の苦労や努力が見えなくなってしまうことが多くなります。

実際の介護が中心となる介護者に任せきりになっている場合、その他の家族が忘れてはならないのが、介護者への気配りです。同居していて毎日顔を合わせる場合でも、こまめに感謝とねぎらいの気持ちを伝えましょう。「言わなくてもわかっているはず」などと決めつけるのは間違いです。仮に以心伝心の間柄だとしても、あえてことばにすることが大切なのです。「たぶん、家族も感謝してくれているだろう」と想像するのと、実際に「いつもありがとう」と言われるのとは大違いです。自分の立場や気持ちをわかってくれる人がいる、と実感することは、介護者にとって大きな助けになるでしょう。

中心となる介護者にかけたいことば

いつもありがとう

役に立てなくて、
ごめんなさい

疲れて
いるんじゃない?
だいじょうぶ?

お母さんが
楽しそうなのは、
お義姉さんのおかげね

無理をしすぎないで、
体に気をつけて

基本は「ありがとう」

大変な役割を担ってくれていることに対して、率直に感謝する

感謝の気持ちをことばにする

心に思っているだけでは、気持ちは伝わりません

見下したような言い方をしない

相手との関係にもよるが、「よくやっている」「ご苦労さま」など、相手より立場が上であるかのようなことばづかいをしないように気をつける

主たる介護者へのサポート

主たる介護者の「だいじょうぶ」を真に受けない

大事な3つ

①中心となる介護者の「だいじょうぶ」をことばどおりに受けとめない
②介護に手を貸せない家族は、中心となる介護者のケアを
③中心となる介護者が疲れていそうなときは、進んで手助けする

身近な人から介護疲れを心配することばなどをかけられた場合、「だいじょうぶ」「心配しないで」などと答える介護者がほとんどでしょう。でも、「本人がだいじょうぶと言っているのだから、だいじょうぶなんだろう」などと簡単に考えてはいけません。たとえ身内に対してでも、素直に本音を言うのは難しいもの。多くの場合、中心となる介護者は、大変な介護を続けながら要介護者以外の身内にまで気をつかっています。本当はつらくても、「みんなに心配をかけてはいけない」という思いから、自分のつらさを打ち明けられない場合もあるのです。

実際の介護に手を貸せない家族の役割のひとつが、中心となる介護者へのケアを心がけることです。日ごろから、中心となる介護者の様子に気を配り、疲れていそうなときは、すすんで介護や家事をサポートしましょう。同居、または近くに住んでいるなら、数時間でもよいので介護を交替し、中心となる介護者に自分の時間を楽しんでもらうのがベスト。遠方に住んでいて訪問するのが難しい場合は、電話で話し相手になるだけでも助けになります。

中心となる介護者のためにできること

話し相手になる

介護者の話し相手になり、介護でたまったストレスを発散してもらう

会いに行けない場合は、電話やメールなどを利用しても！

介護を交替する

短時間でもよいので介護を交替し、中心となる介護者に自由な時間を楽しんでもらう

家事を手伝う

介護の手助けができないなら、家事の一部を手伝う。食材の買い出しを引き受けるなど、簡単なことでもよい

介護者の様子に気を配る

介護のつらさを口に出せない人も多いので、日ごろから言動に注意する。疲れていそうなときは、早めにサポートを

気にかけていることを示す

こまめに会いに行く、感謝のことばをかけるなど、「介護者を気にかけている」ということを、態度やことばで伝える

主たる介護者へのサポート

周囲の人も当事者意識をもち続けましょう

大事な3つ

①別居していても、介護を「人ごと」と思わない
②要介護者宅へは、「遊び」ではなく「手伝い」に行く
③手伝うときは、介護者に満足してもらうことを第一に考える

別居している家族の場合、介護が始まっても、自分の生活は大きく変わらないことがあります。実際に手を貸す機会が少ないと、家族の介護もどこか「人ごと」のように感じられるもの。でも、身内である以上、中心となる介護者に任せきりにせず、できる範囲で手助けをしていくことが大切です。

ただし、「子どもや孫が顔を出すだけで喜ぶはず」と、遊び感覚で帰省するのは避けましょう。「お客さま」としての訪問だと、介護者にもてなしなどの負担をかけてしまいます。介護者には、「遊びに行く」のではなく「手伝いに行く」のだということを、事前にきちんと伝えておきましょう。また、手伝いをするときは、中心となる介護者に「してほしいこと」を聞いてから動きます。他人が「してほしいだろう」と思うことと、介護者が求めていることは、必ずしも一致していないことがあるからです。ふだんの生活を知らないと、手伝っているつもりで見当はずれなことをしてしまう場合もあります。大切なのは、手伝う側の自己満足ではなく、中心となる介護者の負担の軽減だということを忘れずに。

帰省のときに注意すること

事前に伝えておかないと、もてなしの準備をしてしまうかもしれない

「手伝いに行く」と事前に伝える

遊びではなく手伝いに行くことをはっきり伝え、してほしいことを考えておいてもらう

中心となる介護者との関係によっては、配偶者や子どもを連れて行かないほうがよいこともある

介護者の負担を増やさない

食事や身の回りの世話など、介護者の負担を増やさないように注意する

介護者の望むことと違っている場合もあるので、「こうしたら喜ぶだろう」と、一方的に判断しない

介護者が望む手伝いをする

「何をしてほしいか」を尋ね、介護者が本当に望んでいることをする

主たる介護者へのサポート

介護者を批判するのはやめましょう

大事な3つ

①中心となる介護者を精神的に支えるのは、家族の役目
②行き届かない面があっても、介護者を批判しない
③「手を貸さないのに口だけ出す」のは避ける

専門的な技術や知識がない人にとって、家族の介護は大変な仕事です。中心となる介護者は、介護の疲れはもちろん、病状・体調に関する不安や、要介護者とのかかわり方の悩みなどにも苦しみます。その他の家族が心がけたいのは、まず、できる範囲で介護の手助けをしていくこと。そして、中心となる介護者を精神的に支えていくことです。

もっとも避けたいのが、介護者を批判することです。介護者は、介護中心の生活をせざるを得ないため、多くのストレスを抱え込んでいるはず。そのうえ、周囲から責められたり過度の要求をされたりしたら、ますます追いつめられてしまいます。介護には、口で言うのは簡単でも、実際に行うのは難しいことがたくさんあります。仮に行き届かない面があったとしても、中心となる介護者の努力と苦労は認めるべきです。どうしても改善してほしい点があるなら、短期間でもよいので介護の手伝いをしたうえで、本当に改善が可能だと感じたことだけを提案しましょう。実際に手を貸さないのに口だけ出す、という関わり方は、介護者に対して失礼です。

中心となる介護者との接し方の注意

気になるなら まず自分でやってみる

改善点や気になる点があるなら、まずは自分でやってみる。やってみて苦労を体験し、いっしょに考える

批判的なことは 言わない

家族の介護は、想像以上に大変な仕事。完璧にこなせる人などいないので、むやみに批判しない、口出ししない

介護者のうわさ話を しない

介護者に対して批判的なうわさ話は避ける。いずれ介護者本人の耳に入り、傷つけることがある

介護者の努力と 苦労を認める

介護者に完璧を求めず、まずは日々のがんばりを認め、意識的に感謝やねぎらいのことばをかける

何でも介護者のせいにしない

病気などのために、要介護者もわがままになりがち。トラブルが起こっても、すべてを介護者のせいにしない

C O L U M N

同居家族は何に悩みストレスを感じるか？

同居で介護をする男性の62.0%、女性の72.4%が悩みやストレスを抱えています。では、その悩みやストレスの原因は何でしょうか？　圧倒的に多いのが「家族（要介護者）の病気や介護」です。家族の病気や要介護の状態が重度化しないかといった心配が悩みとなり、日常的なストレスになっているようです。

次に多いのが「介護者自身の病気と介護」です。高齢の要介護者を中心に、共倒れへの恐れがストレスとなっているようです。

●同居している主な介護者の悩みやストレスの原因（複数回答）

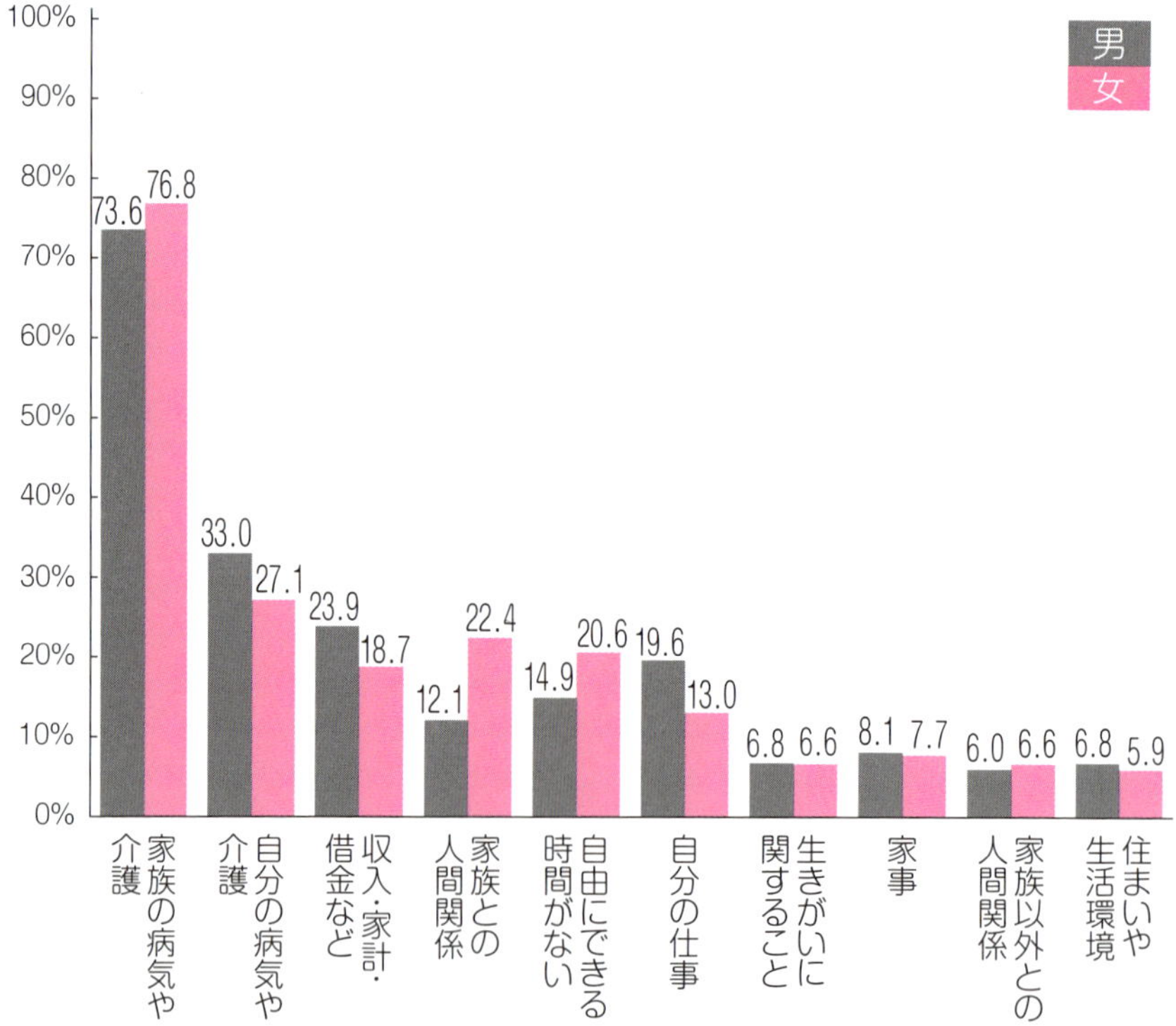

※厚生労働省国民生活基礎調査（平成28年）

第4章

「うつ気分」にならないために、なったとき

ストレスの基礎知識

最近、気分がすぐれないのはどうして？

大事な3つ

①ストレスとは、いわば、へこんだボールの状態
②私たちは、多種多様なストレスの原因に囲まれて生きている
③同じ出来事に遭遇しても、ストレスになる人とならない人がいる

私たちは「あー、ストレスがたまってイライラする」とよく言います。ストレスが慢性化すると、うつ状態になることもあります。まずは、ストレスとは何かを知ることから始めましょう。

ストレスは、ハンガリー系カナダ人の生理学者ハンス・セリエが提唱した概念で、さまざまな刺激によって体内に生じる防衛反応のことです。左の図を見てください。ボールは本来、丸いのですが、指で押さえられるとへこみます。ストレスとは、このへこんだ状態にたとえられます。へこませた指はストレスを引き起こすもので、「ストレッサー」と呼ばれます。人間にとってのストレッサーは、左の表のようにさまざまなものがあります。私たちは、ストレッサーに囲まれて生きているのです。

ところで、私たちは、なんとなく、借金や病気や介護をストレスだと思っていますが、これらはあくまでストレッサーです。これらのストレッサーによって、ぎゅうとへこんだら初めてストレスになるのです。ですから、同じストレッサーに遭遇しても、ストレスになる人と、ならない人がいます。

ストレスが起こるしくみ

ストレスとは

やわらかいボールでたとえると

ストレッサー
やわらかいボールをへこませる刺激

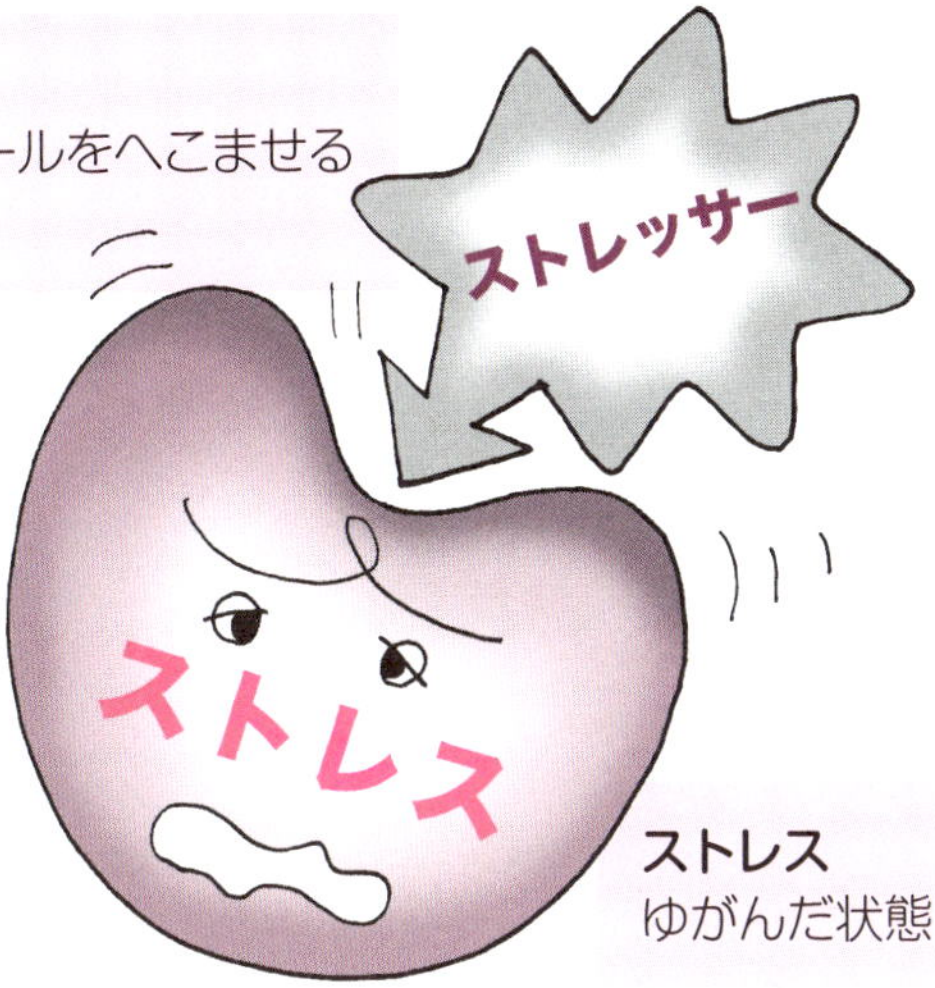

ストレス
ゆがんだ状態

いろいろなことがストレッサーになる

社会的な要因	介護、残業、夜勤、仕事が多忙、借金、倒産、解雇など
精神的な打撃	家族など親しい人の病気や死、失恋、挫折など
人間関係のトラブル	家族、親戚、職場の人、近所の人、友人などとのトラブル
身体の不調	病気、けが、睡眠不足、不規則な生活など
環境に関する要因	騒音、振動、環境汚染など
物理的な要因	暑い、寒い、熱、冷却、高圧、低圧など

ストレスの基礎知識

ストレスは体にでる

大事な3つ

①体には、複雑な機能のバランスを保ち維持するシステムがある
②ストレスを感じると、脳の指令によってシステムは臨戦態勢をとる
③臨戦態勢が長く続くと、システムのバランスがくずれ、体に不調がでる

私たちの体は、全身に複雑な機能を持っています。そして、それぞれの機能をバランスよくまとめて、生命活動を維持するシステムも備わっています。それが、「**自律神経系**」＋「**内分泌系**」＋「**免疫系**」の3つからなるシステムです。

そして、このシステムに指令を出すのは脳です。

脳は、ストレスを感じると、脳内に痛みや不安、緊張を和らげる物質エンドルフィンを出して戦いに備えます。さらに内分泌系に指令を出し、副腎皮質からホルモン・コルチゾールを分泌させます。コルチゾールは、代謝や免疫系を活性化させて、体をストレスから守ります。

同時に自律神経系へも指令を出し、副腎髄質や神経からアドレナリンなどを分泌させます。アドレナリンは、血管を収縮させ、瞳孔を開かせ、血圧を上昇させるなどして、体を戦う体制に整えます。

このように体は、ストレスという危機にさらされると臨戦態勢をとり克服します。しかし、この状態が長く続くと、システムのバランスがくずれて、体に不調が出るようになります。

心と体の密接な関係

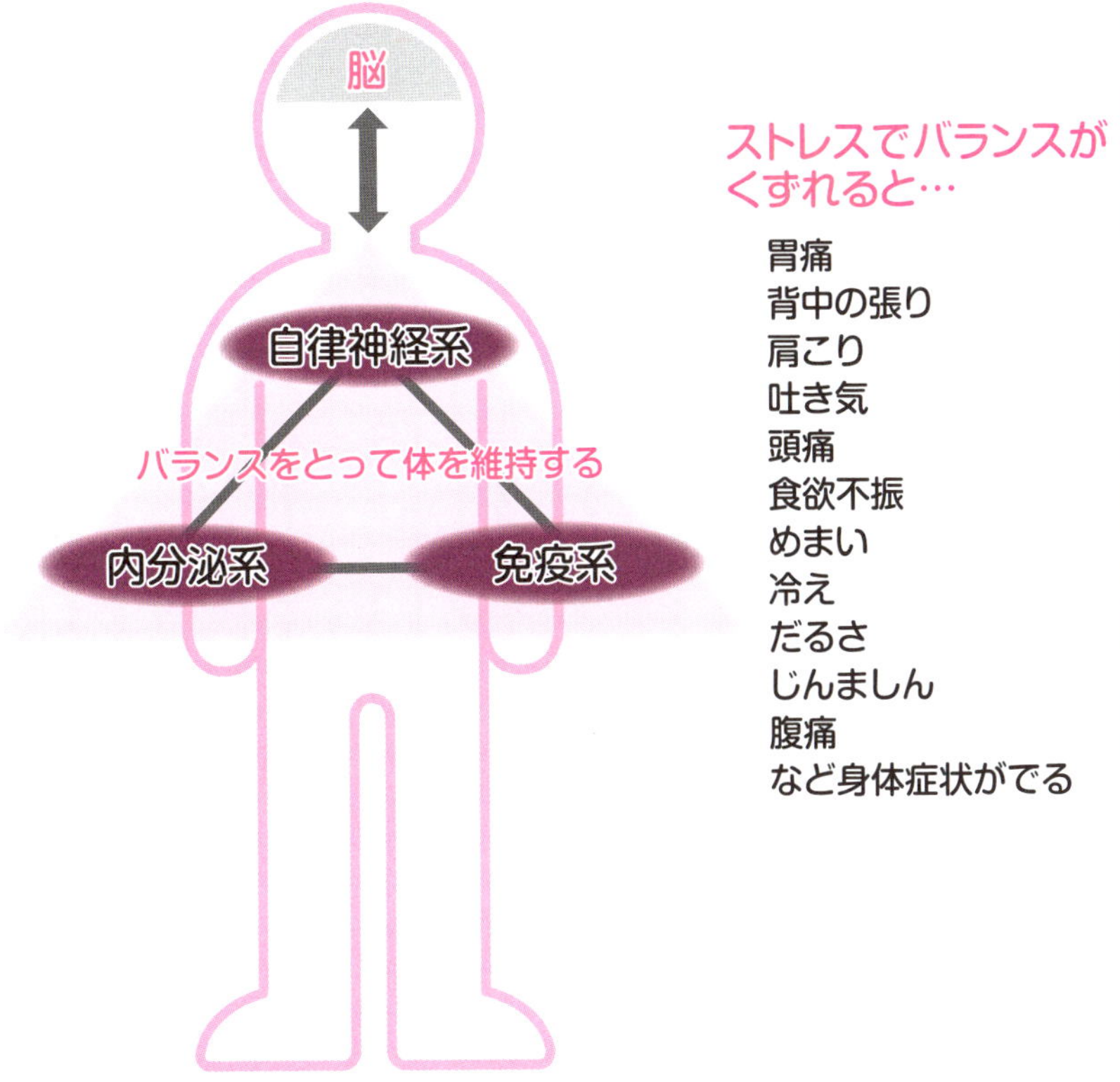
脳
自律神経系
バランスをとって体を維持する
内分泌系
免疫系
ストレスでバランスがくずれると…
胃痛
背中の張り
肩こり
吐き気
頭痛
食欲不振
めまい
冷え
だるさ
じんましん
腹痛
など身体症状がでる

自律神経系

自律神経は、交感神経と副交感神経という相反する調整機能を持った2系統で成り立っている。この2系統で活性化したり抑えたり調整している。

内分泌系

さまざまなホルモンを分泌することで、体の機能を維持している。ホルモンは分泌を微妙に調整されて体のバランスを保っている。

免疫系

ウイルスなど体内に入った異物を、やっつけるしくみ。脳はストレスを感じると、自律神経系、内分泌系に指令を出し、体を防御する物質を分泌させるが、この物質は過剰になると免疫系の働きを抑制する作用もある。

ストレスの基礎知識

コミュニケーション下手はストレスを受けやすい

大事な3つ

①人間関係がうまく行かないと、ストレスになる
②「自分と合わない人もいる」ことを承知する
③相手の意見を聞き、自分の意見も述べる関係を目ざそう

私たちは、ご近所、親戚、職場など、さまざまな人間関係の中で生きています。人間関係なしに生きていくことはできませんし、人間関係があるから、楽しいこともあるし、成長もできます。

このように人生で避けて通れない人間関係にトラブルがあると、大きなストレスになります。

人間には合う、合わないがあります。合う人はいいとして、ストレスをため込まないためには、合わない人とのコミュニケーションをどうとるかが、ポイントになりますね。コミュニケーションの基本は会話です。

まず、「でも」「だって」など相手の話をさえぎるクセがないか振り返ってみましょう。相手の話を聞き、「そうですね」、「おっしゃる通り」と認めてから自分の意見を話すと、うまくいくことがあります。また、上手に会話したつもりでも、自分ばかりが話していることがよくあります。これでは相手は面白くありません。

相手の話を聞き、自分も意見が言える会話が、円滑な人間関係を生みます。

会話はストレス発散にもなります

●コミュニケーション苦手さんはストレスをためやすい

話さない	話すことは、自己開示して相手に心を開くこと。話さないと円滑な人間関係が築けない。さらに、職場などでは、報告・連絡・相談などが行えないと業務がスムーズに進められない。
相手の話を聞けない	「でも」、「だって」など、相手の話をさえぎる癖があると、会話がスムーズにすすまない。まずは、相手の話を聞き、「なるほど」、「よくわかります」など認めてから自分を意見を述べるようにすると、人間関係が円滑になることがある。
自分のことばかり話す	会話はことばのキャッチボール。投げたり、受けたりを交互にくり返すことで、成立する。一方的に「こうしろ!」と押しつけたり、自分ばかりが話していては、円滑なコミュニケーションとはいえない。

●アサーションで円滑なコミュニケーションを

コミュニケーションを円滑にするひとつの方法に、アサーションがある。英語のassertionからきているが、日本語では「さわやかな自己表現」と訳される。環境も考え方も違う人間同士がコミュニケーションをとるためには、①「相手の話を聞き」、②「自分の意見も述べる」関係になることが大切。たとえば、久しぶりに会った友だちが自分のことばかり話しているとする。聞いてばかりだと、②ができない。「私も話したいことがあるんだけど」とさわやかに自己表現することで、お互いにとって良い関係が築ける。

●おしゃべりでストレス発散!!

特に女性は、おしゃべりでストレスを発散するのが上手。あれこれ、とりとめのない会話を楽しめる関係を大切に。また人間は、思いを口にすると発散できることもある。「私、よくやってるわ」とか「今日も○○で大変、大変」などことばにしてみると気持ちがすっきりする。

ストレスの基礎知識

介護が原因でうつ気分になるときの特徴

大事な3つ

①介護者の4人に1人は「うつ状態」との研究調査がある
②介護疲れやストレスと上手につき合うことが必要
③自分の生活を大切にし、人とのつながりを絶やさないようにする

労働省研究班の調査では、介護者の4人に1人が「うつ状態」にあるとの結果がでました。やっぱり介護は大変なのです。

介護にはストレスになる要因がそろっています。初めての介護はとまどうことが多いですし、それを乗り越えても、先が見えない、がんばっても成果が見えにくいなど新たなストレスが待っています。

「ケガをした」、「寒い」などのストレッサーは、ケガが治ったり、厚着をすれば消えますが、介護がもたらすストレッサーは、なくすことができないものも多いのです。ですから、ストレッサーをストレスと受け止めない、あるいはストレスのダメージを弱めて受け止める工夫をする必要があります。

ストレスと上手につき合う方法は、介護中心の生活におちいらず、まず自分の生活を大切にすることが第一です。いっぽうで、介護は家の中が中心になり閉じこもる傾向が出てくるので、なるべく外に出かけ、人とのつながりを大切にしましょう。介護者同士の集まりに出かけ、あれこれおしゃべりするだけでもストレス解消になります。

うつ気分になりやすい要因

1 ストレスが多い	初めての介護でとまどう。やらなければならないことが増える。生活環境が変わる。新しい人間関係が生まれる。など、ストレッサーが多い
2 先が見えない	介護は、いつ終わるという、はっきりとした見通しがたちにくいもの。人間は、先が見えないストレスに弱い
3 努力と結果が結びつかない	学校の成績や仕事のように、努力がそのまま結果に結びつくわけではないため、成果主義の人には辛い

こんな自覚症状があれば主治医に相談を

意欲がない

何もする気が起きず、体を動かすのがおっくうだ

よく眠れない

夜寝つけない。朝早く目が覚めてしまい、眠った感じがしない

死にたいと思う

「いっそ死んだら楽だ」とくり返し思う

食欲がない

食事をとる気が起きず、体重が減少してきた

ストレスの基礎知識

こんな兆候があればストレスがたまっているのかも

大事な3つ

①ストレスは良い面もあるが、長期化すると心身を疲弊させる
②左ページのような変化が見られたら、ストレス解消を考えよう
③体の不調が見られるのであれば、受診することが大切

ストレスは、必ずしも悪いものではありません。乗り越えれば、スキルが上がりますし、達成感も得られます。

しかし、長期に渡ってストレスが続くと、心身のバランスがくずれ、それでも無理をしていると疲れきって日常生活に支障をきたすようになります。ただ、自分ではなかなか気づかないものです。

左ページのような兆候があったら、ストレスがたまっているのかもしれません。3カ月前、半年ぐらい前の自分と比べるとよいでしょう。

ストレスの原因が思い浮かぶのであれば、それを取り除く方法を考えましょう。といっても、仕事や介護など、ストレッサーを変えるのはむずかしいことが多いですね。その場合は、自分の考え方のクセを変えたり、ストレス発散法を工夫することで、対応できます。この本では、さまざまな工夫を紹介していますから、自分に合う方法を試してみてください。体の不調は、疾患が原因のこともあります。一度、受診すると安心できます。

「最近、元気ないね」と言われませんか?

□夜中に目がさめる 朝、「よく寝た」という感じがしない	□人と話すのが面倒 人に会いたくない。電話で話すのも、気がすすまない
□人前に出ると緊張する 人前に出るとうまくコミュニケーションがとれず、不安を感じて緊張する	□自分はダメだと思う 劣等感にさいなまれる。「自分はダメな人間なのよ」、「価値のない人間だわ」と思う
□やる気がでない 朝、起きるのがおっくう。今まで好きだったことも、やる気にならない	□小さなことでも気になる だれかが言ったことや、自分のしたことが小さなことでも気になってしかたがない
□孤独を感じることがある 自分は周囲の人から認められていないと思う。1人きりなんだと不安を感じることがある	□物事がてきぱきできない 判断力、決断力、集中力が落ちていて、仕事や家事などをてきぱきとこなせない
□言いたいことがうまく言えない 気になることがあっても、自分の考えを相手にうまく伝えられず口ごもってしまう	□何かよくないことが起こりそうだ よく考えると心配はないのに、何かよくないことが起きるのではないかといつも不安
□体に不調がある 91ページで紹介したような、体の不調がある。風邪をひきやすかったり、アレルギー症状がでたり体が“弱っている”	□緊張すると手に汗をかいたり、ふるえたりする 手がふるえることが気になって、よけい緊張したりする

ストレスの基礎知識

ストレスをためやすい人 ためにくい人

大事な3つ

①ストレスを受けやすい人とそうでない人の違いは、考え方のクセ
②まず、自分の考え方のクセに気づくことが大切
③何かが起きたとき、別の考え方を試すことでストレスを受け流すこともできる

同じ環境でも、がんばれる人とがんばれない人がいます。ストレスをため込む人と、上手に受け流す人がいます。

この違いは、その人の能力の差というよりも、考え方のクセによるところが大きいのです。

左ページを見てください。ストレスをためやすい人の考え方のクセの例を挙げました。この他に、「双眼鏡のトリック」というものもあります。それは、マイナス思考の変形バージョンで「良いことはマイナスに、悪いことは拡大して」考えるクセです。

もちろん、だれでも1つや2つ、こんなクセを持っています。持っているほうが、かえって人間味にあふれていて、魅力的でもあります。

ただ、日々ストレスの種は無数に生じますから、このような考え方ばかりをしていると、すべてを背負い込むことになって、パンクしてしまいます。

まず、自分のクセに気づくことが大切です。そして、別の考え方で対応してみる。すると、気持ちが楽になりますし、良い結果を得られることも多いのです。

ストレスをためやすいタイプ・ためにくいタイプ

状況	ストレスをためやすい人	ためにくい人
オール5の成績だったのに、1つ4をとってしまった	**全か無か思考** 4をとるなんてすべてが台なしだ	1つぐらいいいや。次にがんばろう
シチューの鍋を焦がしてしまった	**一般化のしすぎ** 私は料理も、家事も、何もできないダメな人間だ	あらら、失敗しちゃった。今夜のメニュー変更しなくちゃ
友だちが洋服をほめてくれたが、一人だけ「似合わない」と言った	**心にサングラスをかける** 「似合わない」のひと言が頭から離れない	みんなほめてくれたから、いいわ
パート先で「○○さん、仕事ていねいですね」とほめられた	**マイナス思考** まぐれだわ	なんか自信ついちゃった。明日もがんばろう
駅前で隣の奥さんに会釈したが、無視された	**結論の飛躍** 私は嫌われている!!	人ごみだから気づかなかったのかも
訪問セールスが来た	**感情的決めつけ** こんな気分の悪い日に来るなんて、ろくな人じゃないわ	おまけのティッシュもらったのは得だったわ
水曜日はおばあちゃんを買い物に連れて行く	**べき思考** 水曜日は雨が降っても車いすを押しておばあちゃんを買い物に連れ出すべき	本人が乗り気でなかったら、私が1人で買い物に行ってきてもいいわ
グラスを割ってしまった	**レッテル貼り** 私は「無能」だわ。「無能」なのよ	早く片づけなくちゃ
夫が病気になった	**自己関連づけ** 私が悪い妻だからだわ	早くよくなってもらわなくちゃ

ストレスの基礎知識

介護疲れは3段階で悪化する

大事な3つ

①まずは、身体面に〝警告〟が現れる
②心身ともにストレスへ抵抗を始めたら、かなり危険な状態
③疲れきってしまったら、早めに主治医や専門医に相談する

人間の精神は肉体と密接に結びついています。心の疲れが身体症状にでることもあれば、病気が気持ちを落ち込ませることもあります。

介護ストレスによる疲労も、最初は、体調面に現れます。本人は、精神が疲れているとは気づいていませんが、体が信号を発している状態で「**警告期**」と呼ばれます。多くの場合は、休んだり、気晴らしをしたりしてストレスが発散されますが、そのままにしていると次の「**抵抗期**」に入ります。

「抵抗期」は、心身ともにストレスを跳ね返そうと反発します。本人もストレスがたまっていると感じていますが、「まだ、がんばれる」と無理をします。本人は病気になるとは、思っていないのですが、「**疲**《ひ》**憊**《はい》**期**」にいつ移行してもおかしくない状態です。ストレスを減らし休むことを考えなくてはなりません。「疲憊期」に入ると、心身ともに疲れきってしまい、本人や家族だけでは対応できません。なるべく早い段階で、心の疲労をキャッチし休養やストレス発散をすることが大切です。

介護疲れの段階

第1段階　警告期

自覚がない

体調面に疲れがでる
だるい
血圧が上がったり下がったりする
肩こり、イライラ
ミスが増える、物忘れ

第2段階　抵抗期

ストレスは感じているが、病気になるとは思っていない

心や体がストレスに反発、抵抗する
ハイ状態で、がんばる。あるいは脱力する
胃が痛い
心臓がドクンドクンする
血圧の変調、血糖値の上昇

第3段階　疲憊《ひはい》期

心の病気へ移行する可能性大

心も体も疲れきってしまう
集中できない、物忘れが激しい
何もする気がしない
睡眠障害、食欲不振、不安感、罪悪感、体重減少、胃潰瘍、糖尿病、高血圧、偏頭痛

うつ気分からの脱却

自分の性格を知れば対処がしやすい

大事な3つ

①ストレスと上手につき合うことが、豊かな人生を送るコツ
②ストレスがたまったら、自分の性格に目を向けてみよう
③いつもと違う対応をしてみると、スムーズに運ぶことも多い

人間が生きていくうえで、ストレスの原因は、いつでも無数にあります。私たちは、知らず知らずのうちに、ストレスを無視したり、発散したりして、ため込まないようにしています。また、ストレスがあるからこそ頑張れ、スキルアップできることも少なくありません。

良い面も悪い面もあるストレスと、上手につき合っていくことが、上手に生きることであり、豊かな人生を送るコツなのです。

ストレスと上手につき合うためには、まず自分の性格を知ることです。左ページの4つのタイプは、ストレスをまともに受けてしまう性格です。4つのどれかに充てはまるというのではなく、程度の差こそあれすべてをもち合わせているので、どのタイプが強くて出ているか考えてみましょう。何かうまくいかないことがあったときには、「取りこし苦労をしていないか」、「頑固になりすぎていないか」、「几帳面すぎないか」、「消極的になりすぎていないか」と、自分の対応を振り返ってみましょう。いつもと、対応を変えてみると、うまくいくことが多いのです。

ストレスをため込みやすい性格

性格	介護の場面では
1 取りこし苦労 性格 「うまくいくかな?」「大丈夫かな?」と、いつも不安感でいっぱいである。不安はストレスの原因になる	先が見えない介護に、「どうしよう」「困ったことだ」と、いつも不安をつのらせている
2 頑固・厳格 性格 「お前が悪い!」と、頭ごなしに決めつけたり、相手を威圧したりする。他人のミスが許せず、すぐにカッカッと怒る	家族やヘルパーさんに自分のやり方を押しつけ、うまくいかないと怒る。だんだんと関係がギクシャクしてしまう
3 内向的・消極的 性格 人から頼まれたことに「ノー」と言えず、そんな自分を反省する。自己嫌悪というストレスがたまっていく	なんでも「私がやります」と引き受けてしまい、にっちもさっちもいかなくなり、落ち込む
4 まじめ・几帳面 性格 完璧主義者で、何でも自分でやらないと気が済まず、いつも緊張している。ほんのわずかなミスでも落ち込んでしまう	完璧な介護を目指して、仕事を辞めてしまうことも。他人が手伝ってくれると、粗ばかりが目につく

うつ気分からの脱却

「演じること」で気分が明るくなることがある

大事な3つ

①「自分を変えること」で、問題が解決することもある
②リラックスできる、余裕ある人間を演じてみよう
③習慣にすることで、「自分を変える」ことができる

何か問題が起きてストレスがたまったとき、解決方法は2つあります。「問題を変えるか」「自分を変えるか」です。天災や介護のような問題は、変えることは困難ですから、自分が変わるしかありません。それに、大きなストレスだと思っていたことが、自分の対応が変わると、うそのように軽減することも多いのです。私たちは、とかく問題そのものを解決することに目を向けがちですが、時には自分自身が変わることも必要です。

性格を変えることは難しいのですが、「演じる」ことはできます。「ストレスがたまっているな」と感じたら、ゆったりと余裕のある人間を演じてみましょう。「疲れても頑張り抜く」いつもの自分でなく、「リラックスできる自分」を、役者になったつもりで演じてみるのです。

いつも演じていると、やがて習慣になります。ものごとや人間関係に対応するとき、習慣は性格と同じぐらいの効果をもちます。性格は変えられなくても、習慣にすることで、「自分を変える」ことができるのです。

いつもと違う自分の演じ方

ACT.1

明日でよいことは、明日にまわす

ACT.2

読む本のジャンルを変える

ACT.3

いつもと違う人と話してみる

ACT.4

ゆっくり話してみる

ACT.5

ゆっくり歩いてみる

うつ気分からの脱却

行動をいつもと変えてみる対処法

大事な3つ

①いつもと行動を変えてみると、ストレス軽減に役立つ
②感謝の心をもつことで、ストレスが癒《いや》される
③話を聞くことで、人間関係のストレスが軽減されることも

「ストレスがたまっている」「やる気がでない」と感じたら、いつもと行動を変えてみると効果的です。

左ページに「前向きになれる9つの行動」をあげました。特に「感謝すること」は、ストレスということばを定義したハンス・セリエ（88ページ参照）が、「ストレスを乗り越える最大の方策は、感謝の心である」と述べていて、とても効果があります。作家の五木寛之氏は、「あんがとノート」を作り、1日1行ありがたいと思ったことを書き、うつ病から開放されたそうです。何もなかった日は「1日無事にすごせて、あんがと」と書いたそうですが、あらゆることに感謝の気持ちをもつことで心が癒されるのです。また、「相手の話を上手に聞くこと」も対人関係のストレス軽減に役立ちます。「でも」、「しかし」と相手の話をさえぎる癖がある人は、拒絶しているととられてトラブルを引きおこしがちです。「なるほど」、「そうですね」とまず、相手の話を全部聞くようにしてみましょう。ひとりでかかえこまず「相談すること」も大切です。話を聞いてもらうだけでもストレス解消になります。

前向きになれる9つの行動

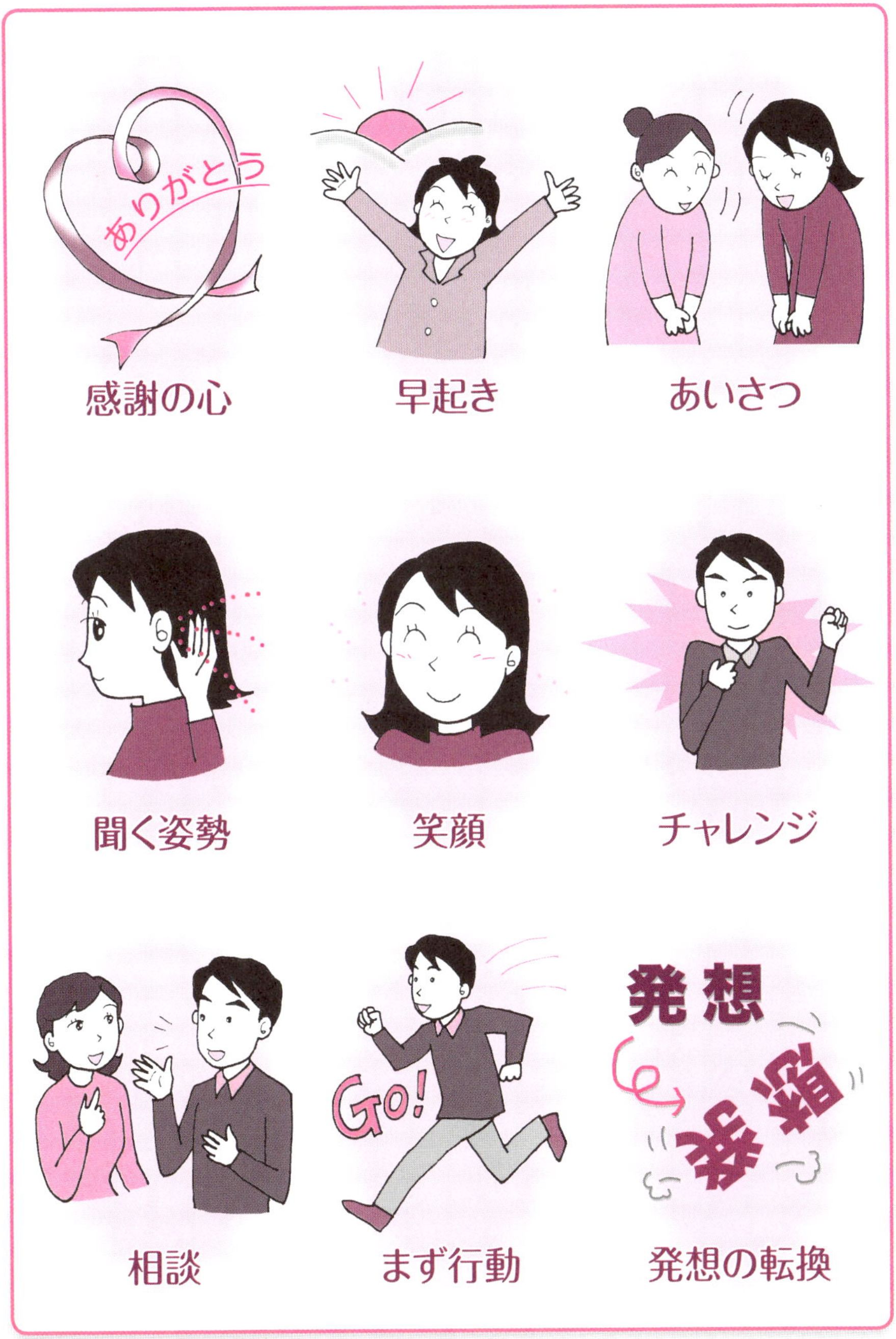
ありがとう
感謝の心
早起き
あいさつ
聞く姿勢
笑顔
チャレンジ
相談
GO!
まず行動
発想
発想
発想の転換

うつ気分からの脱却

生活の中に小さな喜びをみつける

大事な3つ

①身近な自然は、いつでも心を癒《いや》してくれる
②音楽や絵画など、良いものに触れる時間をもとう
③大きな何かではなく、身近に小さな喜びをたくさん見つけよう

早出、残業の連続でオフィスにこもって仕事をしていた人が、ある日の昼間、たまたまビルの外に出たら青空が目に入り、「空ってこんなにキレイだったんだ」と思ったら涙が出たそうです。そして、あらためて自分は異常なストレス状態にいるのだと、気づきました。仕事、家事、介護などは大事ですが、1日中そのことばかり考えていては、心がリラックスする暇がなく疲れきってしまいます。身近な季節の移り変わりに気づき、ホッとする心の余裕が大切です。

移動の途中にちょっと立ち止まる。あるいは、少し遠回りして、街路樹や庭木に季節を感じてみる。早春には、つぼみ、春には花、初夏には若葉と、いつでも自然は、心を癒してくれます。また、音楽や絵画など良いものに触れることも、気持ちを豊かにしてくれます。趣味の時間も大切です。

大切なのは、何か大きなものを求めるのではなく、小さなこと、わずかな時間の喜びをたくさんもつことです。その気になれば、私たちの周囲には、楽しいことがたくさん見つかります。

自分らしく過ごすために

●ちょっと立ち止まってみると

花が咲いている
ことに気づく
太陽の輝き、
その風の気持ち
よさに気づく
ゴミが落ちているのに気づく
拾って捨てれば、なんとなくイイ気分

●良いものに触れる時間を持つ

上品なカップで
ティータイム
コンサートにでかける
美術館にでかける

うつ気分からの脱却

大きなことより、今できることから

大事な3つ

①「やらねば」「できない」の思考の堂々めぐりがストレスをためる
②一度に全部やろうとしないで、小さなことから手をつける
③仕事などの段取りでも有効

「やることが多すぎて、もうできない」、「こんなこと、もうやりたくない」とすべてを投げ出したくなってしまうことがあります。でも、現実を見れば投げ出すことはできません。ストレスをため込みやすい人は、「できないなら、私は終わりだ」と思いつめてしまいがちです。そして、「でも、できない。でも、やらねば。でも…」と思考の堂々めぐりに陥ってしまうことも多いのです。

こんな時は、一度に全部やろうとしないで、今できる「小さな」ことからやるとよいでしょう。そうじならば、まず目につくような大きなゴミだけ拾うことにする。あるいは「今日はトイレだけ」と、小さな場所だけそうじすることとしてもよいでしょう。小さな作業だとすぐに終わり、「やった」という達成感も得られるので、不安もおさまります。作業を小さく分けることで、風呂そうじは子どもがやることにする、など家族の分担もしやすくなります。

「小さな、できることから」は、難しい仕事を任された場合などでも有効です。コピーとりなど単純作業から入ると、精神が安定し能率がアップします。

小さなことからやってみる

例	これはダメ	小さなことから
そうじ 	こんなに散らかっちゃった。全部、そうじしなくちゃ	見えるゴミだけ拾う 今日は、○○だけそうじする
介護 	この先が不安だわ。おばあちゃんがよくならないなら、私が死ぬ	おばあちゃんの話をよく聞く そばにいるだけでいい
お金 	毎月、毎月、やりくりが苦しい。もう、家を売っちゃおう	家族で500円玉貯金をして、お金がたまったら外食する
人間関係 	あのヘルパーさん、大嫌い!!　顔も見たくないわ	「こんにちは」、「ありがとう」と、ひとこと、声をかけてみる

うつ気分からの脱却

音楽は心をホッとさせる効果がある

大事な3つ

①ストレス発散のため、音楽を聴く習慣を日常的に持とう
②お気に入りの曲がない人には、ヒーリング音楽やクラシックがおすすめ
③歌うことも効果があり、特にカラオケはおすすめ

若いときには、レコードや音楽テープをよく聴いていたのに、今はさっぱりという人も多いでしょう。音楽には、心を癒《いや》す効果がありますから、日常的なストレス解消法に、ぜひ取り入れましょう。

Ｊポップでも、Ｋポップでも演歌でも、自分がリラックスでき元気がでるナンバーなら、何でもかまいません。特に好きなジャンルがなければ、〝ヒーリング音楽〟という癒しのジャンルがあって、ＣＤショップやインターネットで購入できますから、試してみるのも一案です。

昔から親しまれているクラシック音楽なども聴き覚えのある曲が多く、心を癒すには効果的です。自分の好みで、気分が楽になる曲、明るくなる曲、落ちつける曲などを探しましょう。

また、聴くばかりでなく、歌うこともストレス解消になります。特にカラオケは、仲間の前で歌うため、適度な緊張感とリラックスがバランスよくもたらされ、自律神経によい効果があります。さらに、お腹から声を出すことで脳全体が活性化します。ストレスを発散し、心を安定させるのです。

音楽でストレス解消

聴く こんな時には、こんな曲を

1 イライラを解消したいとき
例えば
イライラに負けない激しい音楽を

2 うつ状態をはらしたいとき
例えば
力強いエネルギーをもらえる音楽を

3 眠れないとき
例えば
穏やかな気分になれる、
ゆったりとした曲

4 目覚めが悪いとき
例えば
まどろみに合った静かなテンポの曲

歌う カラオケはストレス解消に効果がある

ストレス解消カラオケのポイント

1 リラックスしながら、お腹から声をだす

2 他の人の歌を聴く
曲やリズムを感じると大脳皮質によい効果がある

うつ気分からの脱却

心身をゆっくり休ませる入浴が効果的

大事な3つ

①リラックスには、ぬるめのお湯にゆっくりとつかるのが効果的
②シャキッとするためには、熱めのお湯で
③新陳代謝がよくなり、運動不足も解消できる

入浴をすると、筋肉の緊張がほぐれ、心身ともにリラックスできます。汗を流すことで老廃物を体外に排出でき、また血管が広がることで新陳代謝が高まり筋肉や関節がやわらかくなります。湯につかれば、水圧や浮力がさらに効果を高めます。ストレスがたまっているときは、ぜひ、ぬるめ（38～40度）のお湯にゆっくりとつかりましょう。

また左ページに紹介するように、入浴には、さまざまな効果があります。

朝のシャワーは、心身をめざめさせます。やや熱めのお湯がよいでしょう。

頭脳労働の前には、熱めの湯にさっとつかると、集中力が高まります。

運動不足ぎみならば、何度か湯につかります。熱めのお湯に入り、上がったら足に冷水をかけることを何度かくり返すと、新陳代謝がよくなり、運動後のような爽快感が得られます。ただし、高血圧の人や心臓に持病のある人は医師に相談してから。状況や体調に合わせて、それぞれの入浴法を使いわけ、ストレスを解消しましょう。

ストレス解消に効果的な入浴のしかた

①朝スッキリと目覚めるために

“熱めのシャワー”ですっきり

②集中力を高めるには

“熱めの湯”にさっとつかる

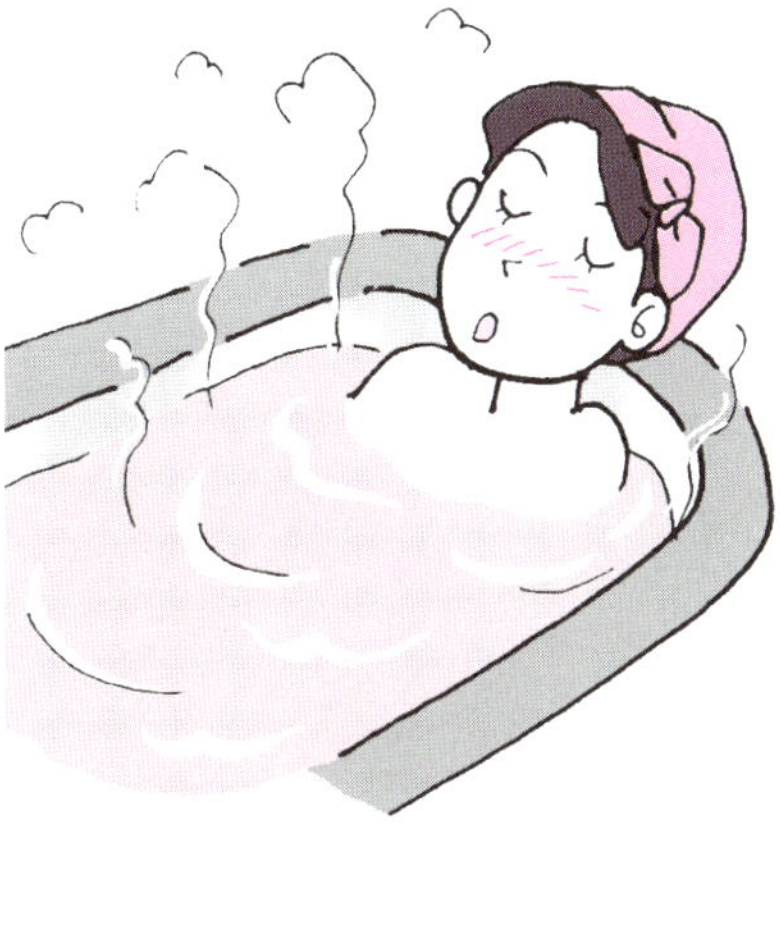

③運動不足解消には

“足に冷水”を

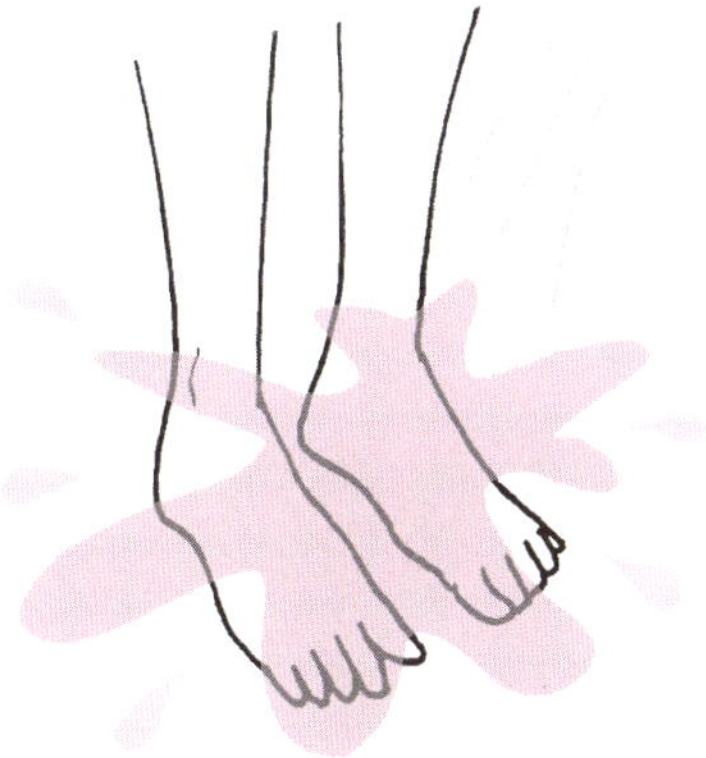

④体の疲れをとるには

“ぬるめの湯”にゆっくり

うつ気分からの脱却

プラス思考でストレスを解消しよう

大事な3つ

①マイナス面に目をつむり、プラス面だけを考えると心がラクになる
②一見マイナスが勝っているようなことも、プラス面を見れば解決策が見つかる
③人のことや自分の過去と比較して悲観してもしかたがない

ストレスのためやすい人と、ためにくい人がいることは、98ページの例にあるとおりです。何か気がかりなことがあると、そのことを中心に物事を考えてしまうタイプが前者で、「それは、それ」と考えられるタイプが後者です。

人はそれぞれ考え方にクセがありますから、早い時期にそのクセに気づいて、後ろ向きになりがちな発想を努めて前向きに軌道修正するのが、有効なストレス対処法の1つです。

親の介護が迫る年齢は、自分たちの健康問題、定年後の暮らしの設計、子どもたちの独立など、男女を問わず問題が山積する時期です。気分が沈みがちになる年齢（124ページ参照）でもありますが、一見マイナス面が勝っていることでも、何かプラスはないか見直してみると、解決策が見つかったり、解決策が見つからなくても自然に気持ちが明るくなっていることがあります。

マイナス面に多少目をつむり、プラス面だけを考えるようにすれば、以前よりもずっと前向きな発想ができるようになります。

ポジティブ思考に転換!!

①マイナスの数よりプラスの数を数える

お母さんはあれもできないこれもできない	→	お母さんはこれはできないけど、できることがいくつもある
つらいことがたくさんある	→	つらいこともあるけど、楽しいこともたくさんある

②マイナス面をプラス面でとらえる習慣をつける

車いすのお父さんを世話するのは大変だ	→	車いすを使えるから移動がスムーズでラクだ
お父さんはデイサービスでもほかの利用者となじまないわ	→	嫌がらないのだからからデイサービスが気に入っているのかも?

③比較して悲観しない

夫は再就職できても、以前より給料がガクンと減って暮らしが大変	→	このきびしい時期に60歳近くで再就職ができたんだからよかったわ
うちの義母はとなりのおばあちゃんは比べて文句ばっかり言っている	→	うちの義母は文句を言うほどまだまだ元気だから安心ね

うつ気分からの脱却

笑ってストレスさようなら

大事な3つ

①笑いの医学的な効用が明らかになっている
②作り笑いでも効果がある
③日常生活に笑顔を増やそう

「笑う門には福来る」と昔から言いますが、笑うと体内に、さまざまな良い効果を生じることが、医学的な研究によってわかってきました。ストレスを減らし、免疫力を高め、さらに痛みを和らげます。つまり、幸福だから笑っているというよりは、笑っているから困難を乗り越えることができ、幸せになると考えられるのです。

また、笑顔が多い人は、人間関係が円滑になって、その面でもストレス軽減になります。

それから、笑いは、お金も時間もかかりません。究極のストレス解消法だといえますね。

人は、面白いとき以外にも、社交辞令として相手に微笑みかけたり、ホッとして思わず笑ったりします。このような、〝面白くない〟笑いでも、面白い笑いと同じように効果があることがわかっています。ですから、作り笑いでもしたほうが良いのです。

鏡をのぞいてみてください。口がへの字になっていませんか？　口角を上げて、笑顔になってみましょう。

幸せは笑顔が運んできます。

笑いでストレス解消

●笑いの3つの効果

効果1 ストレスを軽減する	ストレスを受けると唾液中で増加するホルモン「コルチゾール」が、笑うと減っていくことがわかっている。また、リラックスするので自律神経が安定する。さらに、情動をつかさどる右脳も活性化する。
効果2 免疫力を高める	NK（ナチュラルキラー）細胞を活性化させるなど、免疫力を高める。NK細胞は、がんと戦う細胞でもある。
効果3 痛みをやわらげる	強力な鎮痛効果を持つエンドルフィンという脳内伝達物質が増えることがわかっている。笑うと痛みを忘れる効果がある。

●笑いの種類

快の笑い	愉快なこと、面白いことがあるとでる大笑い。
社交上の笑い	愛想笑いなど、人間関係を円滑にするための笑い。
緊張緩和の笑い	ホッとしたときに出る笑い。

どの笑いでも効果がある!

●日常に笑いを増やそう

お笑い番組や落語を見る

笑顔で会話する

鏡に笑ってみる

COLUMN

介護が必要となる主な原因は?

介護が必要となる原因の１位は「認知症」です。要介護度が高くなるほど、その傾向が強まりますが、要介護度が低い要支援者では「関節疾患」や「骨折・転倒」など、足腰の障害が原因となっているケースが多いようです。

要介護者になると、「認知症」が増え、「脳血管疾患」によるものが続きます。また、「高齢による衰弱」は要支援者・要介護者いずれも、介護が必要となる原因になっています。

●要介護度別の介護が必要になった上位の原因

要介護度	第1位		第2位		第3位	
総数	認知症	18.0	脳血管疾患(脳卒中)	16.6	高齢による衰弱	13.3
要支援者	関節疾患	17.2	高齢による衰弱	16.2	骨折・転倒	15.2
要支援1	関節疾患	20.0	高齢による衰弱	18.4	脳血管疾患(脳卒中)	11.5
要支援2	骨折・転倒	18.4	関節疾患	14.7	脳血管疾患(脳卒中)	14.6
要介護者	認知症	24.8	脳血管疾患(脳卒中)	18.4	高齢による衰弱	12.1
要介護1	認知症	24.8	高齢による衰弱	13.6	脳血管疾患(脳卒中)	11.9
要介護2	認知症	22.8	脳血管疾患(脳卒中)	17.9	高齢による衰弱	13.3
要介護3	認知症	30.3	脳血管疾患(脳卒中)	19.8	高齢による衰弱	12.8
要介護4	認知症	25.4	脳血管疾患(脳卒中)	23.1	骨折・転倒	12.0
要介護5	脳血管疾患(脳卒中)	30.8	認知症	20.4	骨折・転倒	10.2

注：熊本県を除いたもの

※厚生労働省国民生活基礎調査（平成28年）

ストレス解消に役立つ介護者自身のヘルスケア

第5章

介護世代の体

介護する世代の体の特徴

大事な3つ

①介護世代の体は、中高年の領域に入る
②自然老化、生活習慣病、更年期障害などが現れる
③症状には個人差が大きく、生活習慣に左右されることも多い

親の介護が始まるのは、多くは40歳、50歳代からです。この世代は、いわゆる中高年に入る時期で、肉体的に変化が現れます。

まず、自然の老化が現れます。筋肉や内臓、記憶に衰えが見られ、疲れがなかなか取れずに、以前のように無理がきかなくなります。階段での息切れなど自覚症状があるかもしれません。

また、食生活の乱れや、喫煙、運動不足などによって引き起こされる、糖尿病、脳卒中、心臓病、脂質異常症、高血圧、肥満などの、「生活習慣病」が顕著になってきたり、更年期という肉体的に大きな変化を迎える時期でもあります。以前は、閉経前後の女性の症状であるとされていましたが、現在は男性にも同じような心身の不調が見られることがわかっています。

このように、介護世代の体は、若い時とは明らかに違いますが、症状には個人差が大きいのも特徴です。日常生活に気をつけ、より健康的に元気に過ごすように心がけることが介護生活にはとても大切になってきます。

中高年の体の特徴

特徴1　自然な老化

若い時に比べて、筋肉や内臓、記憶などの働きが衰えてくる

特徴2　生活習慣病が見られるようになる

糖尿病	脂質異常症（高脂質症）
脳卒中	高血圧
心臓病	肥満

血糖値が高い
高血圧
脂質異常
ウエストが太い

このうち2つ以上にあてはまると、メタボリックシンドロームです

特徴3　更年期障害が現れる

●症状

男性	疲れやすい だるい 不眠 腰痛 頭痛　など
女性	顔が熱くなる 心臓がドキドキする 多汗 ほてり 肩こり 腰痛 手足のしびれ　など

●原因

- 加齢による性ホルモンの低下
- 食事・運動・休養など生活習慣のバランスが悪い
- 仕事のストレス・経済事情などの社会的要因
- 性格的要因

介護世代の体

介護する世代に多い病気の対策

大事な3つ

①生活習慣病を改善することが、3大死亡疾患の予防につながる
②介護世代はストレスが多い世代でもある
③日常生活の見直しが、諸問題を乗り越えられる心身を作る

左のページの表でわかるように、5歳ごとの年齢階級別にみた40代～60代の介護世代の死因はいずれも第1位は「悪性新生物」です。第2位は40代は「自殺」が多く、50代以降は「心疾患」となっています。40代は仕事などによるストレスを抱えた人が多いことがわかります。

50代前半も「自殺」が第3位に入っていますが、病気でいえば、介護世代の死因は「悪性新生物」「心疾患」「脳血管疾患」が3大疾患となっています。

平成27年の厚生労働省国民生活基礎調査では「同居による介護の場合、男性62・7%、女性72・4%がストレスを感じている」という結果が出ています。生活習慣病の悪化とストレスは重篤な疾患を誘発する大きな原因になります。

生活習慣病を改善し、ストレスを発散させるためには、日常生活こそが重要です。「バランスの良い食事」、「適度な運動」、「良質な休養」の3つの柱が、クリアできるように、生活を見直しましょう。介護も、それ以外の問題も乗り越えていける心身を備えることができます。

日本人の主な死因別死亡数の割合

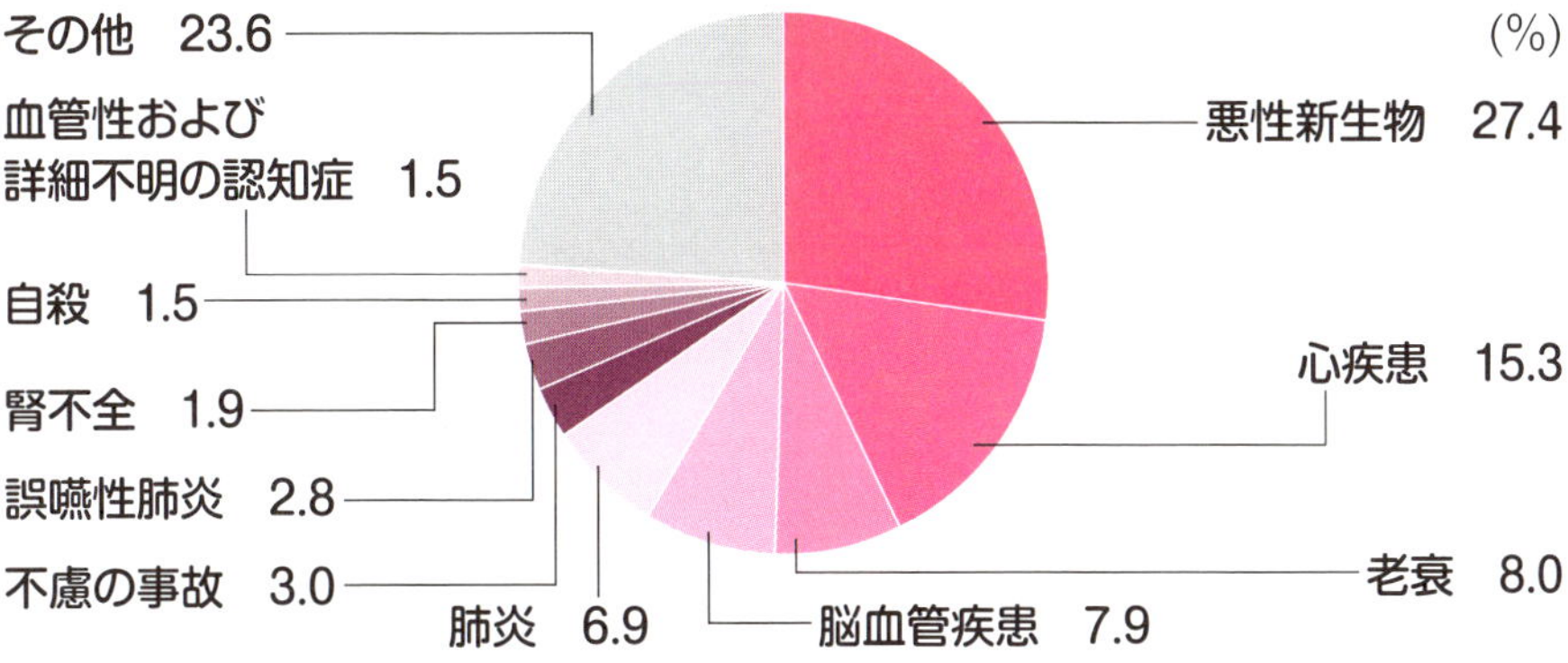
(%)
悪性新生物　27.4
心疾患　15.3
老衰　8.0
脳血管疾患　7.9
肺炎　6.9
不慮の事故　3.0
誤嚥性肺炎　2.8
腎不全　1.9
自殺　1.5
血管性および
詳細不明の認知症　1.5
その他　23.6

介護世代の死因（40～69歳）

年齢	第1位	第2位	第3位	第4位	第5位
40～44歳	悪性新生物	自殺	心疾患	脳血管疾患	不慮の事故
45～49歳	悪性新生物	自殺	心疾患	脳血管疾患	肝疾患
50～54歳	悪性新生物	心疾患	自殺	脳血管疾患	肝疾患
55～59歳	悪性新生物	心疾患	脳血管疾患	自殺	肝疾患
60～64歳	悪性新生物	心疾患	脳血管疾患	肝疾患	不慮の事故
65～69歳	悪性新生物	心疾患	脳血管疾患	不慮の事故	肺炎

※厚生労働省「平成30年人口動態統計（年齢階級別にみた選択死因分類・性別死亡数）」より

病気、ストレスをはね返す3つの対策

バランスの良い食事

適度な運動

良質な栄養

パワーアップ

食事

ストレス解消に役立つおいしい食事

大事な3つ

①1日3食とり、毎食「主食」「主菜」「副菜」をとるよう心がける
②サプリメントに頼りすぎない
③楽しく食べればストレスを解消できる

食事は健康の源です。生活習慣病などで、食事療法を行っている人はもちろん、そうでない人も、食事には気を使いましょう。

忙しいときは、外食や中食（買ってきて食べる）が増えますが、「主食」「主菜」「副菜」の3種をとることを心がけましょう。特に副菜は、とりにくいので、野菜やくだものを意識して食べるとよいでしょう。1日3食きちんととることも大切です。食事と食事の間隔が長いと、食物のエネルギーが吸収されやすくなり、結果、体脂肪を増やし肥満などの生活習慣病の原因をつくります。

サプリメントはあくまで補助と考えて、必ず食事をとりましょう。楽しく食事をすることは、ストレス解消にもつながります。「見た目も味のうち」というように、錠剤のサプリでは食事の楽しさを満喫できません。リラックスして食事をすると、消化がよく栄養もよく吸収されます。平日が難しければ、休日には家族そろってにぎやかに食事をしましょう。たまには、友だちとおしゃべりしながら食事を楽しむのも、ストレス解消に役立ちます。

食事は健康の基本

基本1 3食バランスよくとる

特に外食は、ごはんだけ、麺だけだと主食に偏りがち。主食・主菜・副菜の３つをとるように心がける。1日3食とることは大事

主食
ごはん・パン・麺・シリアルなど

主菜
肉・魚・大豆製品・卵など

副菜
野菜・果物など

基本2 ゆったりした気持ちで楽しく食べる

リラックスすると、副交感神経が優位となって、消化液の分泌が増える。反対にイライラしながらの食事は消化に悪い

基本3 食欲の乱れに注意!!

食欲がないときは、香味野菜やスパイスを使うと、食欲が増す。また、ストレスを“どか食い”で発散させるのは、やめたほうがよい

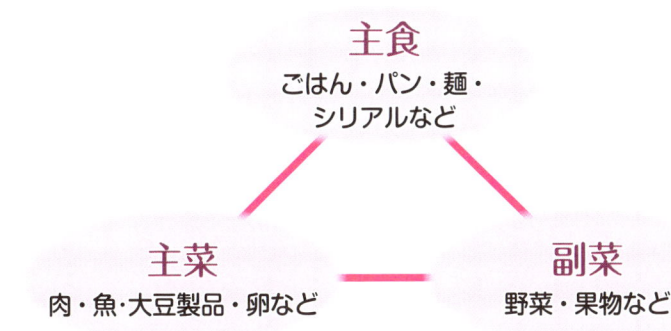

食事

ストレスが軽減できる栄養素をとる

大事な3つ

①ストレスに強くなる体が必要とする栄養素がある
②単独では、効果のないものもあるので要注意
③代表的な栄養素は、ビタミンB_1、ビタミンC、カルシウム

ストレスを受けると体は、これに抵抗しますが、このとき役立つ栄養素がある程度わかっています。上手に摂取して、ストレス軽減に役立てましょう。

たとえば、ストレスを受けるとビタミンB_1が多く消費されます。ビタミンB_1は、神経の働きを正常に保ち精神を安定させる働きがあり、〝精神的〟ビタミンとも呼ばれます。不足すると、イライラ、不眠、めまい、記憶力低下などの症状が現れます。

また、ストレスを受けると、副腎皮質ホルモンが分泌され、体のストレスに対する抵抗力を高めますが、これにはビタミンCが必要です。ビタミンCはストレスを受けると体外に排泄されてしまうので、ストレスを感じたら、よけいに摂取する必要があります。さらに、副腎皮質ホルモンが分泌されるためには酵素が必要ですが、これはたんぱく質です。ビタミンCだけでなく、たんぱく質もとりましょう。

カルシウムがイライラを抑えることは、よく知られていますが、その作用にはマグネシウムが必要なことは見落とされがちです。カルシウムとマグネシウムはセットでとりましょう。

ストレスに強くなる栄養素

栄養素		含まれる食品
ビタミンB_1	ストレスを受けると急速に失われ、“精神的ビタミン”とも呼ばれる。脳内物質の代謝を活発にする	牛乳・乳製品・納豆・卵・豚肉・玄米・豆類・うなぎ・緑黄色野菜など
ビタミンC	副腎皮質ホルモンの合成を高め、体内器官を守り、体の抵抗力をアップさせる。	カリフラワー・菜の花・キャベツ・ピーマン・れんこん・かんきつ類・キウイ・イチゴ・柿など
たんぱく質	副腎皮質ホルモン合成の酵素として働く	魚・肉・卵・乳製品・大豆製品など
カルシウムとマグネシウム	カルシウムは神経の興奮をおさえ“心の安定剤”と呼ばれる。カルシウムが細胞内にとりこまれるためにはマグネシウムが必要	**カルシウム** 牛乳など乳製品・小魚・木綿豆腐・海藻類など **マグネシウム** ナッツ類・玄米・納豆など
ビタミンA	免疫を高める	牛乳・卵・うなぎ・ニンジン・カボチャ・ほうれん草・トマトなど

アルコールと上手につき合う方法

大事な3つ

①適度なお酒は、ストレスを発散させ、コミュニケーションを円滑にする
②左ページの7カ条をめやすに、上手につき合うことが大切
③健康診断を受け、肝臓の機能をチェックする

お酒好きの人にとって、その日の最初のひと口ほどおいしいものはありません。まさにストレス解消、天にも昇る気持ちになる人もいるでしょう。

適度な飲酒は、健康にもよく、コミュニケーションを円滑にしてくれます。しかし、健康を害してしまったら、おいしいお酒は飲めません。お酒と上手につき合っていきましょう。

左ページに、アルコール7カ条を挙げました。お酒と上手につき合う指針です。1カ条の「適量」は厚生労働省が示しているものですが、物足りない人も多いでしょう。それでも、1人で飲むときは、この量を守るなど、努力することが大切です。

介護などのストレスを発散させるために、1人でお酒を飲むようになると、依存症になる恐れもあります。飲むこと自体は悪いことではありませんが、量を自分でコントロールできるようにしましょう。適量は体質にもよるので、健康診断をキチンと受け、肝臓の機能をチェックしながら飲むことも大切です。

休肝日は、以前は週1日といわれていましたが、最近は2日以上が奨励されています。

アルコール7カ条

介護の疲れから、ついお酒の量が増える人が多いようです。アルコール依存症にならないために7つの約束事を守りましょう。

第1カ条

節度のある飲み方をする

厚生労働省のガイドラインでは、1日の適量はアルコール20グラム（ビール中瓶1本程度）

第2カ条

1人で飲むときは控えめに

1人で飲むとついお酒の量が増え、その分アルコール依存症になる危険が高くなる

第3カ条

食事といっしょに楽しむ

お酒は食べながら飲む習慣をつける。お酒だけで済ますと栄養も偏り、体への負担が大きくなる

第4カ条

薬といっしょに飲まない

薬との相性により作用を引き起こすことがある。精神に作用する薬とアルコールの組み合わせは避ける

第5カ条

寝酒はひかめに

アルコールを分解する内臓が休養できない。酒が“抜けた”状態になると睡眠が浅くなり熟睡できない

第6カ条

休肝日を作る

できれば週2日以上。連続してではなく2～3日飲んだら1日休むのが効果的。肝臓を休ませアルコール依存症予防を

第7カ条

入浴･運動前は飲まない

飲酒と入浴・運動の組み合わせは血圧などの変化を起こし、体への負担を高める

このほか65歳以上の高齢者においては、より少量の飲酒が適当（「健康日本21」より）

適度な運動

気軽にできて効果のあるウォーキング

大事な3つ

①健康維持のために適度なスポーツが必要
②新たにスポーツを始めるならばウォーキングが最適
③前後のストレッチ、水分補給を忘れずに

体力に衰えが見え始める中高年は、適度なスポーツを始めることで、健康を維持できます。スポーツは、生活習慣病を改善し、骨・筋力を強化し、ストレスを発散させます。といっても、急に激しいスポーツを始めると、膝や腰を痛めることになります。まずは、週3日程度のウォーキングから始めてみましょう。ウォーキングでは靴選びが大切です。歩きやすい靴を使いましょう。ウォーキングの効果は次の5つです。

①体内の脂肪を燃焼させ、肥満の解消や予防ができる
②心肺の機能を高める
③足を刺激して全身の血行がよくなる
④足だけでなく全身の筋肉や骨が鍛えられる
⑤脳の血流もよくなり活性化する。自然の風景などが脳を刺激しストレス解消になる

ふつうの散歩よりも早足で、やや汗ばむくらいをめどに歩きましょう。そして、スポーツですから、前後にストレッチをして筋肉をやわらかくするのを忘れずに。水分の補給も大切です。

前を見て背すじを伸ばして　さっそうと歩きましょう！

1日20分を目標に

10分ずつを2回でもOK。週3日以上で効果抜群

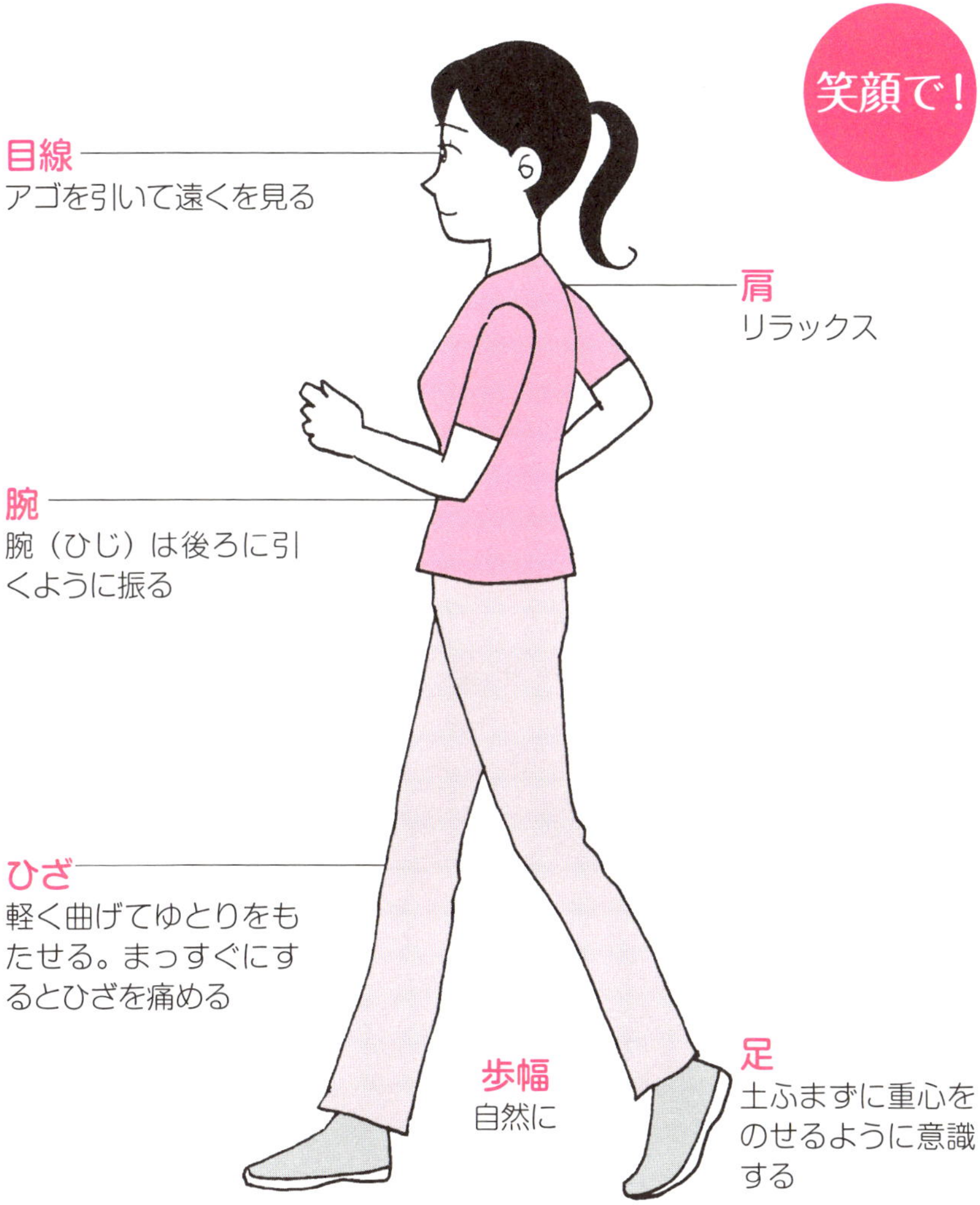
笑顔で！
目線
アゴを引いて遠くを見る
肩
リラックス
腕
腕（ひじ）は後ろに引くように振る
ひざ
軽く曲げてゆとりをもたせる。まっすぐにするとひざを痛める
歩幅
自然に
足
土ふまずに重心をのせるように意識する

友人といっしょだとベター

遊歩道などを友人とおしゃべりしながら歩けば、さらにリフレッシュ効果あり

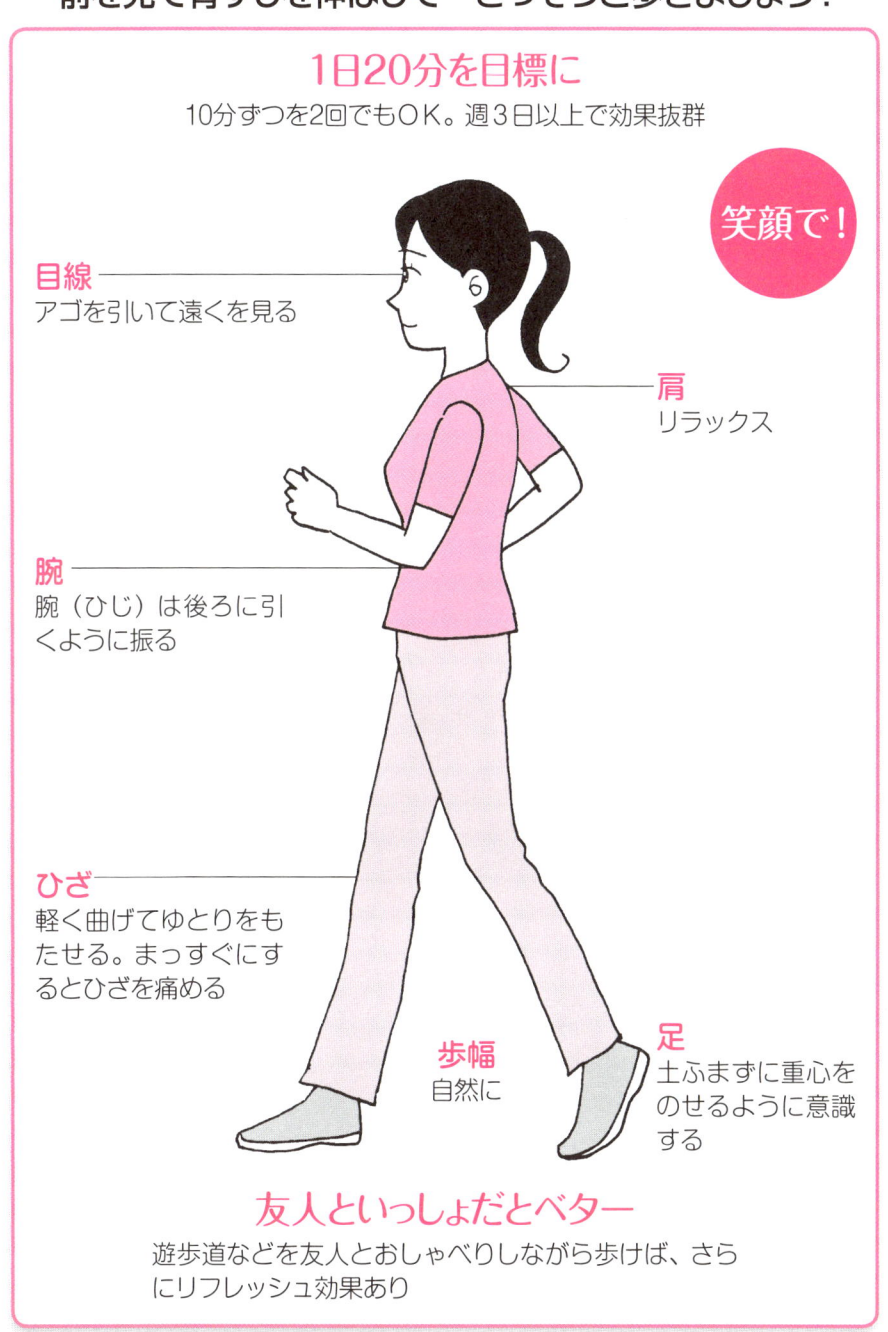

適度な運動

ストレッチ体操で心もリラックス

大事な3つ
①体の緊張をほぐすと、心もリラックスできる
②ストレッチは、いつでもどこでもできる手軽な健康法
③スポーツの前後にも欠かせない

体と心は密接な関係にあって、体の緊張をほぐすと心もリラックスできます。ストレッチ体操で、心身ともに柔軟になりましょう。

ストレッチは1日に何度やってもかまいません。時間もかからないし、どこでもできます。たとえば朝、起床とともにストレッチをすれば、スッキリと目覚めることができます。昼間は、仕事や家事の合間に行ってリフレッシュ。夜の就寝前にやれば、疲労回復につながりますし、リラックスするので寝つきもよくなります。

また、スポーツの前後にも欠かせません。前にやれば、動きがスムーズになり瞬発力が増します。ケガも防げます。スポーツの後に行えば、筋肉がほぐれ、疲労物質の運び出しや栄養素の供給がスムーズになり、疲労回復に効果があります。

ストレッチのコツは、はずみをつけずにゆっくりと伸ばし、痛くなる寸前で止めて、しばらくその姿勢を維持することです。慣れてくると、筋肉や腱、じん帯などが伸びることが、とても気持ちよく感じられます。ぜひ、手軽な健康法として習慣にしましょう。

体をやわらかくするストレッチ5

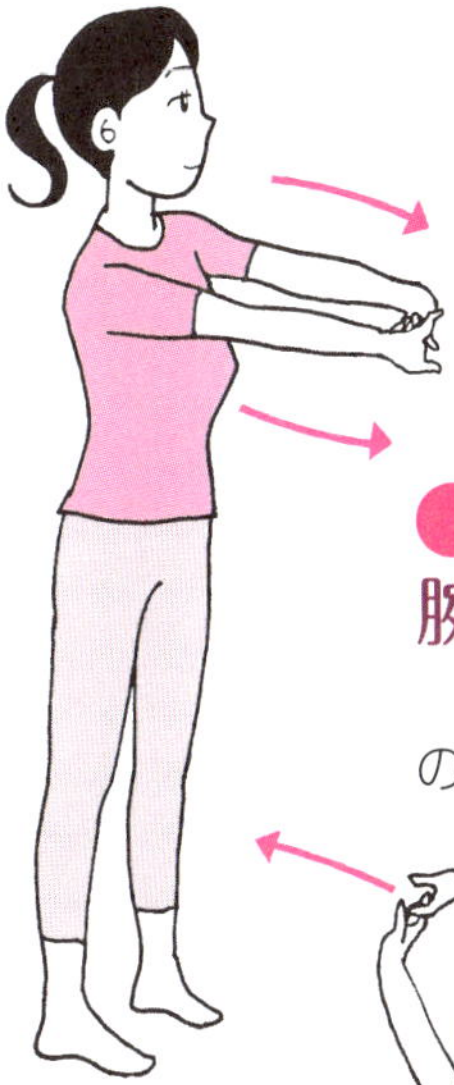

ストレッチ1

肩こりをほぐす

頭の後ろに腕をもっていき、反対の手でひじをつかむ。そのまま横にひっぱる。反対側も同様に（何度かくりかえす）

ストレッチ2

腕を伸ばす

腕を伸ばして５秒静止。ゆっくりと手の平を胸に戻す（5〜10回くり返す）

ストレッチ3

体側を伸ばす

体の前で手を組んでから、ゆっくりと上に伸ばす。手の平を右方向に。５秒静止。次に左側へ。５秒静止（5〜10回くり返す）

ストレッチ4

太ももの後ろを伸ばす

ゆっくり前屈する。両手が足首のあたりに届いたら５秒静止（５回くりかえす）

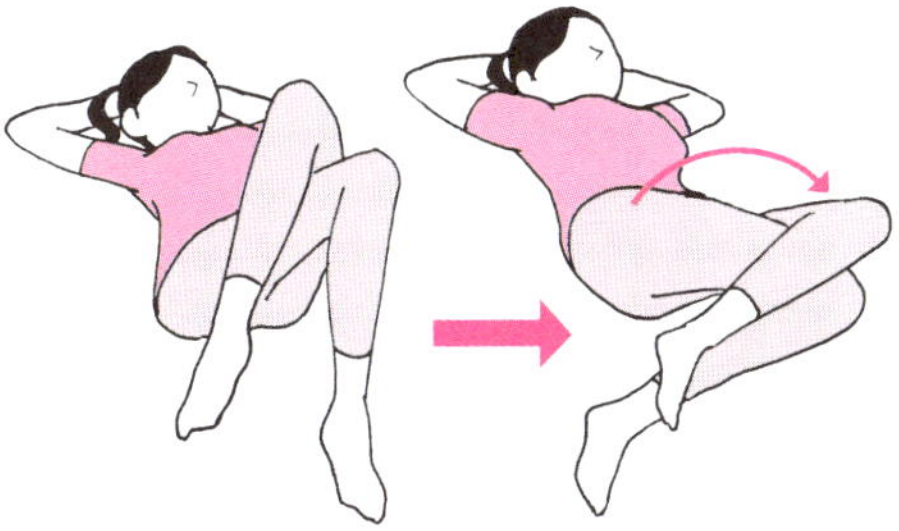

ストレッチ5

腰を伸ばす

仰向けに寝て、両手を頭の下で組む。右足を左足の上にのせて組む。右側に倒す。しばらく静止。足を組みなおし左側も同様に。すでに腰痛のある人は行わないほうがよい

適度な運動

筋力トレーニングで若さを維持

大事な3つ

①40歳をすぎると、年々筋肉量が減少する
②足腰の衰えは、将来のQOLを下げる
③筋力トレーニングを行うことで、筋肉量の減少を抑えよう

筋肉量は40歳から年に0・5%ずつ減少し始め、65歳をすぎると減少率が大きくなります。そして80歳になると、40歳時に比べて30%から40%も少なくなります。

筋肉量が低下すると足腰が弱くなり、ちょっとした段差でつまずいたり、転倒しやすくなります。骨折すると、寝たきり状態になる可能性があります。足腰の衰えは、将来のQOL（生活の質）を下げてしまう、大きな要因なのです。

しかし、筋肉は使っていれば、減少を抑えることができます。40歳をすぎたら、意識して足腰を鍛えましょう。

左ページに足腰を鍛える筋肉トレーニングを紹介しました。太ももと、全身のバランスにかかわる胴体の筋肉を鍛えることで、歩く力の衰えを防ぎます。

筋肉量には個人差があります。体力に自信がない人は、無理せずに少ない回数や負荷が小さいトレーニングから始めましょう。無理をすると、かえって筋肉を傷めてしまいます。

疲れにくい体を作る　筋力トレーニング

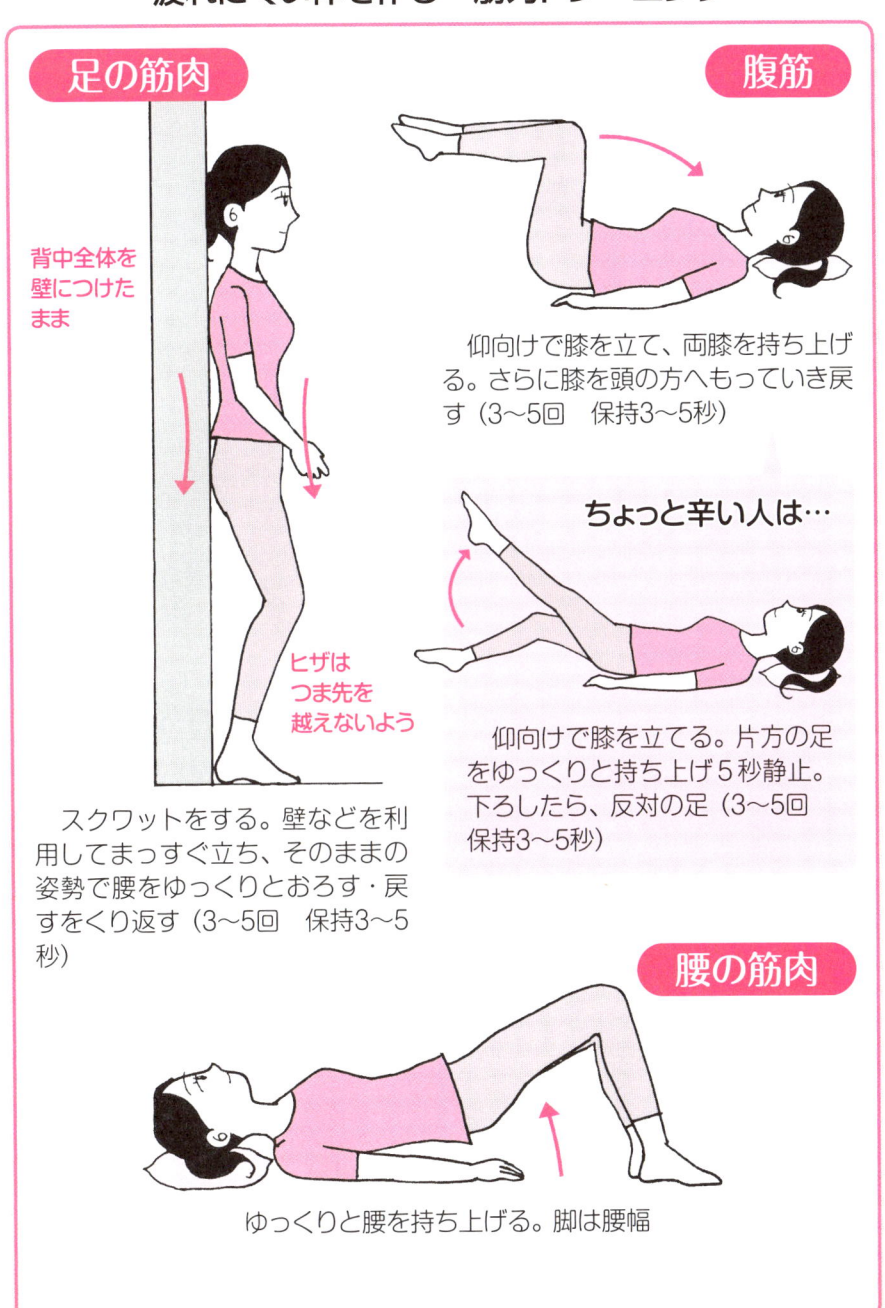

足の筋肉

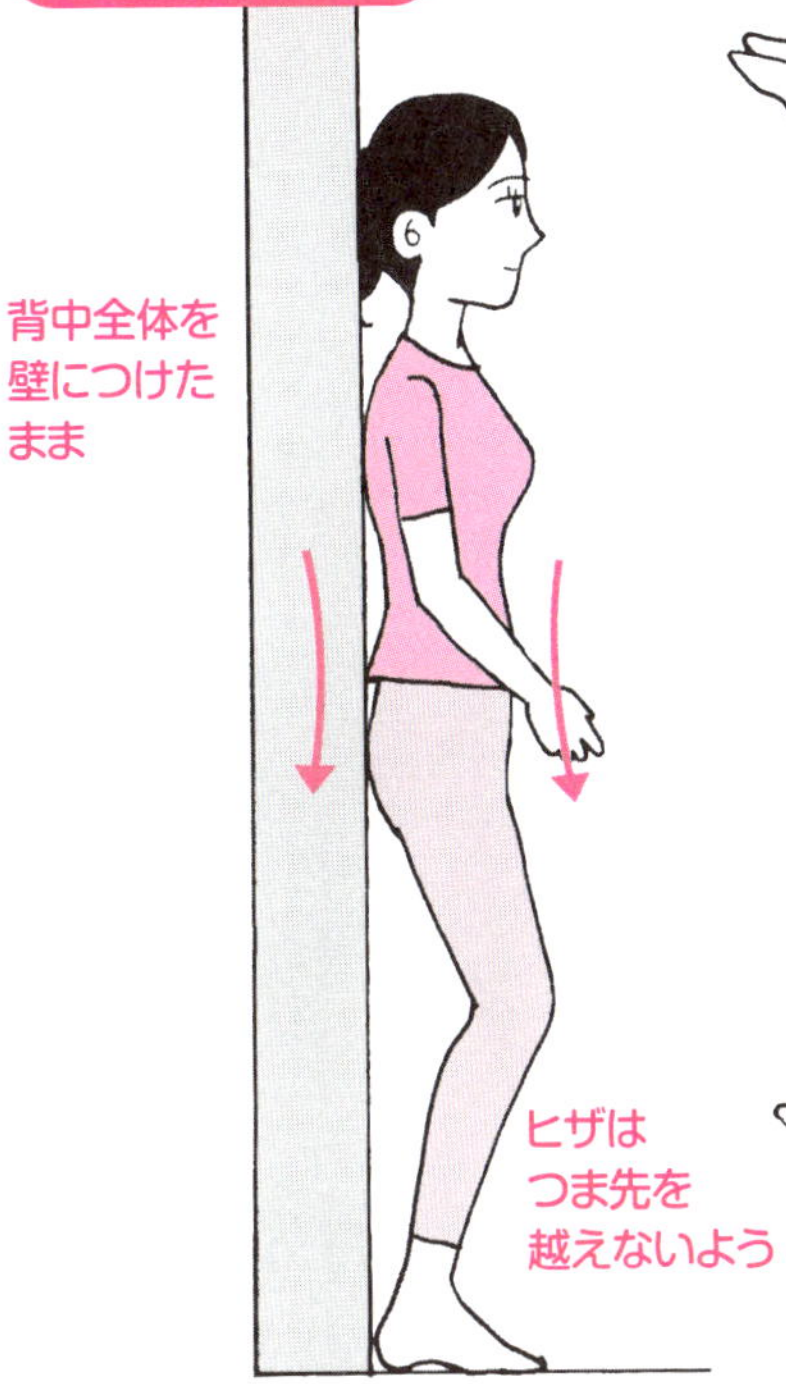
背中全体を
壁につけた
まま
ヒザは
つま先を
越えないよう

スクワットをする。壁などを利用してまっすぐ立ち、そのままの姿勢で腰をゆっくりとおろす・戻すをくり返す（3〜5回　保持3〜5秒）

腹筋

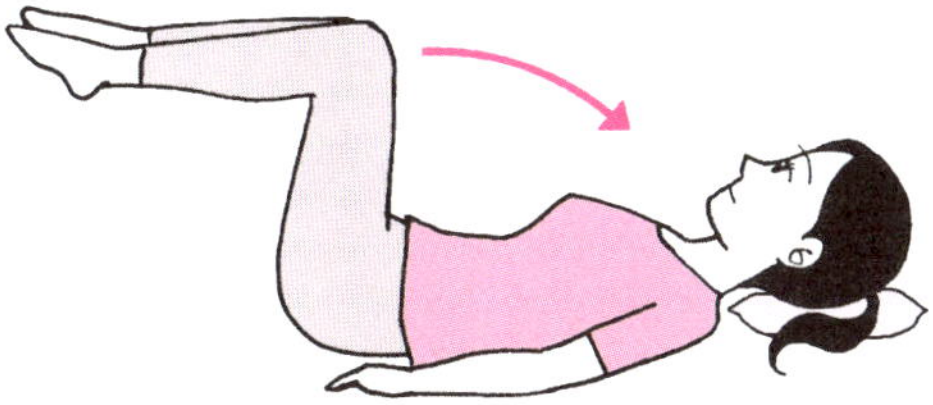

仰向けで膝を立て、両膝を持ち上げる。さらに膝を頭の方へもっていき戻す（3〜5回　保持3〜5秒）

ちょっと辛い人は…

仰向けで膝を立てる。片方の足をゆっくりと持ち上げ５秒静止。下ろしたら、反対の足（3〜5回　保持3〜5秒）

腰の筋肉

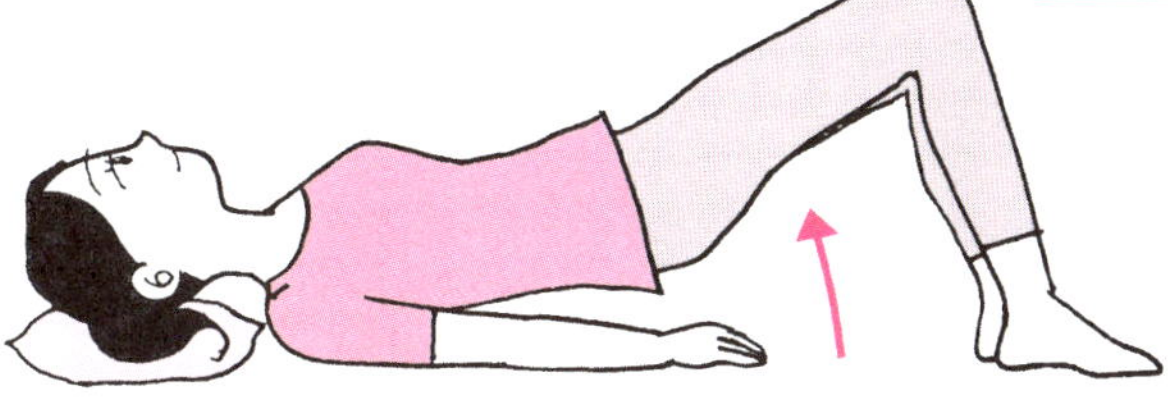

ゆっくりと腰を持ち上げる。脚は腰幅

不眠対策

介護者に多い不眠の悩み

大事な3つ

①夜中にたびたび起こされる介護者は、不眠になりやすい
②精神的ストレスも不眠の原因になる
③不眠の状態が週2日以上あり、1カ月以上続くようなら医師に相談する

すっきりと眠れず、昼間イライラしたり、疲労感が残っている状態を不眠と呼びます。

介護者は、夜中にたびたび起きなくてはならないため、睡眠のリズムが乱れやすく不眠になりやすくなります。また精神的ストレスも原因になります。

不眠には左ページのように4つのタイプがあります。寝つきが悪い、夜中に目が覚めるといったことは、だれでも経験しているでしょう。このような状態が時々あるとしてもそれは不眠ではありません。日本睡眠学会では、「入眠障害」「熟眠障害」「早朝覚醒」「中途覚醒」のどれかの状態が週2回以上見られ、それが1カ月以上続くようならば、医師に相談するようすすめています。

人は赤ちゃんのときには、何度か目をさましながら1日中眠っています。社会生活を営むようになると睡眠のリズムを獲得し、昼間は起き、夜は眠るようになります。しかし、何らかの原因でこのリズムが乱れると不眠になります。老化すると次第に赤ちゃんの睡眠パターンに戻っていき、若いときのような熟睡感もなくなってきます。

さわやかでない目ざめが続いていませんか?

●不眠症の種類

入眠障害タイプ	寝つきが悪く、なかなか眠りに入れないが、眠ってしまうと朝まで眠ることができる
熟睡障害タイプ	眠りが浅く、すぐに目が覚めてしまう。老人や神経質な人に多い
早朝覚醒タイプ	朝早く目が覚めてしまい、そのまま眠れない。躁うつ病者や老人に多い
中途覚醒タイプ	睡眠中に何度も目が覚め、しばらく眠れない。そのため、寝足りない感じがする

●不眠症の原因

1.精神的ストレス	ストレスをまともに受けすぎると、イライラや極度の緊張から眠れなくなる
2.心の病気	ストレスがさらに大きくなり、うつ病などの精神疾患にかかっている場合。不眠はうつ病の症状のひとつ。専門医の治療が必要
3.体の不調	体調をくずし、せきや、かゆみ、熱などによって眠れなくなる。睡眠時無呼吸症もあてはまる。不調の原因を治療することが必要
4.環境の変化	旅行をすると、枕が変わったり、時差があったりで眠れないことがある。暑さや、騒音、明るさなどの環境的要因も原因になる
5.カフェイン・アルコールなど	眠気ざましになるカフェインは、眠りをさまたげる。また多すぎるアルコールは精神を高揚させる。薬の副作用で眠れなくなることもある

不眠対策

睡眠のしくみをよく知ろう

大事な3つ

①適切な睡眠時間は、人それぞれである
②睡眠中の脳は、一定のリズムで変化する
③昼夜の生活リズムを整えることで、睡眠のリズムを整えることができる

適切な睡眠時間は人それぞれです。5時間で十分な人がいれば、9時間眠らないと調子が悪いという人もいます。朝、すっきりと目覚め、「よく寝た」という爽快感があれば、それがその人に合った睡眠時間だと言えます。

人間の脳波を調べると、睡眠中には一定のリズムがあることがわかります。左ページのグラフを見てください。脳波が起きているときのように活発なレム睡眠と、活動を低下させ休養している状態のノンレム睡眠が交互に訪れます。さらにノンレム睡眠は、眠ったばかりでは深く、目覚めが近くなると浅くなります。まず、しっかりと休養をとり、さらに覚醒時には、すっきりと目覚められるようにノンレム睡眠は、深さを変えているのです。

レム睡眠中は夢を見ている状態です。夢は、脳がインプットした情報を整理しているのだといわれます。年をとると、だんだんと、深い眠りとレム睡眠の割合が減ってくることがわかっています。しかし、日常生活のリズムを整えることで、睡眠のリズムを整え、快適な眠りを維持することができます。

レム睡眠とノンレム睡眠が交互に現れる

●眠ってから目覚めるまでの脳波

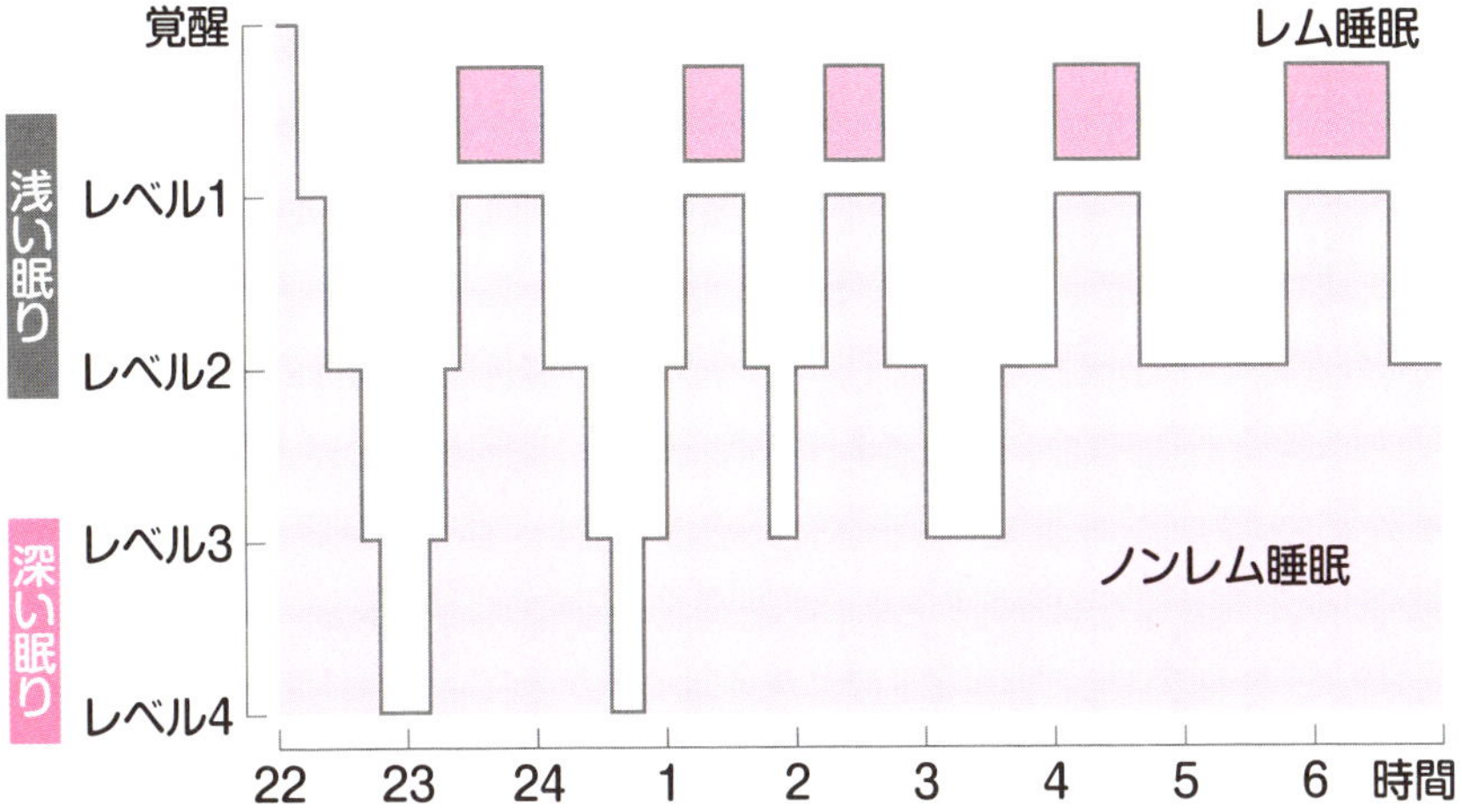

レム睡眠

眠ってはいるが、脳波は起きているときに近い活発さを示す。まぶたの下で眼球が動いていて、夢を見ている状態。約90分周期で現れる

ノンレム睡眠

レム睡眠以外の状態。状態は4レベルに分けられ、レベル3、4では脳の活動が低下している

●良い眠りとは

脳波のグラフを見ると、レム睡眠が約90分周期で現れ、その間のノンレム睡眠は最初は深く、だんだんと浅くなっていることがわかる。このパターンがうまくとれた時に、朝「あーぐっすり寝た」と感じる。加齢とともに、深い眠りやレム睡眠が減ってくることがわかっている。しかし、体の不調を治し、環境に気を配るなどして、このパターンをなるべく、くずさないようにはできる

不眠対策

快適に眠るための生活習慣

大事な3つ

①昼、夜の生活のリズムを作ることで、快適に眠ることができる
②朝、いつも同じ時間に起床することが生活リズムの第一歩
③夜は、神経をクールダウンさせ、休養モードに入るよう努める

「ぐっすり寝た気がしない」「いつも疲れが残っている」と感じたら、生活全体のリズムを見直してみましょう。昼間活動し、夜は眠るというメリハリをつけることを心がけましょう。

まず朝は、休日であっても同じ時間に起きるようにします。そしていつも朝日を浴びるようにします。

生物には、体内に時間のリズムを刻むしくみが備わっていますが、朝日を浴びることで、これを整えることができます。

日中は活動的に過ごします。可能ならば、昼寝をすると午後の効率が上がることがわかっています。

そして、夜は、眠る態勢に入ります。体温が高いと休息モードに入れませんから、入浴はぬるめのお湯で。カフェインや喫煙など刺激物も避けます。就寝の4時間前ぐらいからカフェインはとらないようにしましょう。

家族と語らい、好きな本を読んだりＤＶＤを見たりするのも神経をリラックスさせます。ただ寝付きが悪い人は、読書に熱中しすぎると精神が高揚してしまうので気をつけましょう。

毎朝同じ時間に朝日を浴びて起きましょう

朝	毎日、同じ時間に起きる	生活のリズムを守ることが睡眠のリズムも守る。休日もふだんと同じ時間に起きるのが望ましい
	お日さまを浴びる	太陽光線を浴びると、体内時計が整えられる。起きたらすぐにカーテンを開けて光を浴びよう
昼	昼寝は数十分程度に	昼寝は疲れをとるが、長時間では夜の睡眠にさしつかえる。30分以内に
	軽いスポーツで体を動かす	適度で心地よい疲労は健康な睡眠を招く。またスポーツは、ストレス解消や健康維持にも役立つ
夜 眠れない時には	ホットミルクを飲む	人肌にあたためた牛乳を飲む。カルシウムが神経を落ち着かせ、また乳のほのかな香りが本能的に乳児期を連想させ安心感をもたらす
	複式呼吸でリラックス	胸でなくお腹で息をする。まずお腹をへこませながら大きく息を吐く。次にお腹に空気を入れながら鼻から息を吸い込む。ゆっくりするのがポイント。何度かくり返すとリラックスする
	眠くなったらすぐ床に	ノンレム睡眠は90分周期でやってくる。眠気を感じたらすぐに床へ
	入浴はぬるめの湯で	体が温まりすぎていると眠れない。ぬるめの湯でリラックスしてスムーズに眠りに入ろう
	喫煙・カフェインをさける	神経を刺激するものはさける

不眠対策

睡眠を確保するために介護保険を利用する

大事な3つ

①介護保険には、夜間対応型訪問介護サービスがある
②適宜、夜間対応型訪問介護サービスを利用し睡眠不足を解消しよう
③睡眠で困っていることをケアマネジャーに相談してみよう

不眠の原因が深夜の介護にあるのでしたら、介護保険の「**夜間対応型訪問介護**」の利用を考えてみましょう。このサービスは要介護者が要介護1以上であれば利用できます。

週に何日かでも、夜間の介護から開放されれば、心身ともに休まります。介護をする人が、自分の心身の健康を気づかうことが、結局は良い介護につながります。

料金は、事業者がオペレーションシステムをとっているかいないかで異なります。オペレーションシステムとは、訪問ヘルパーをオペレーションセンターで一括まとめているもので、利用者はセンターに連絡し、ヘルパーに来てもらいます。いっぽう、このシステムがなければ、利用者が直接ヘルパーに連絡します。訪問介護には、前もって日時を決めておく「**定期巡回**」と、不定期に依頼する「**随時訪問**」があります。

また、看護サービスもあわせて利用したい場合は「**定期巡回・随時対応型訪問介護看護**」というサービスもあるのでケアマネジャーに相談しましょう。

夜間対応型訪問介護サービスの流れ

●定期巡回サービス

訪問ヘルパーなどが予定された時間に訪問し、おむつ交換などの介護を行う

●随時訪問サービス

事業所と契約するとケアコール端末機器が配付され、サービスを利用したいときに端末機器を利用してオペレーションセンターへ連絡（通報）する

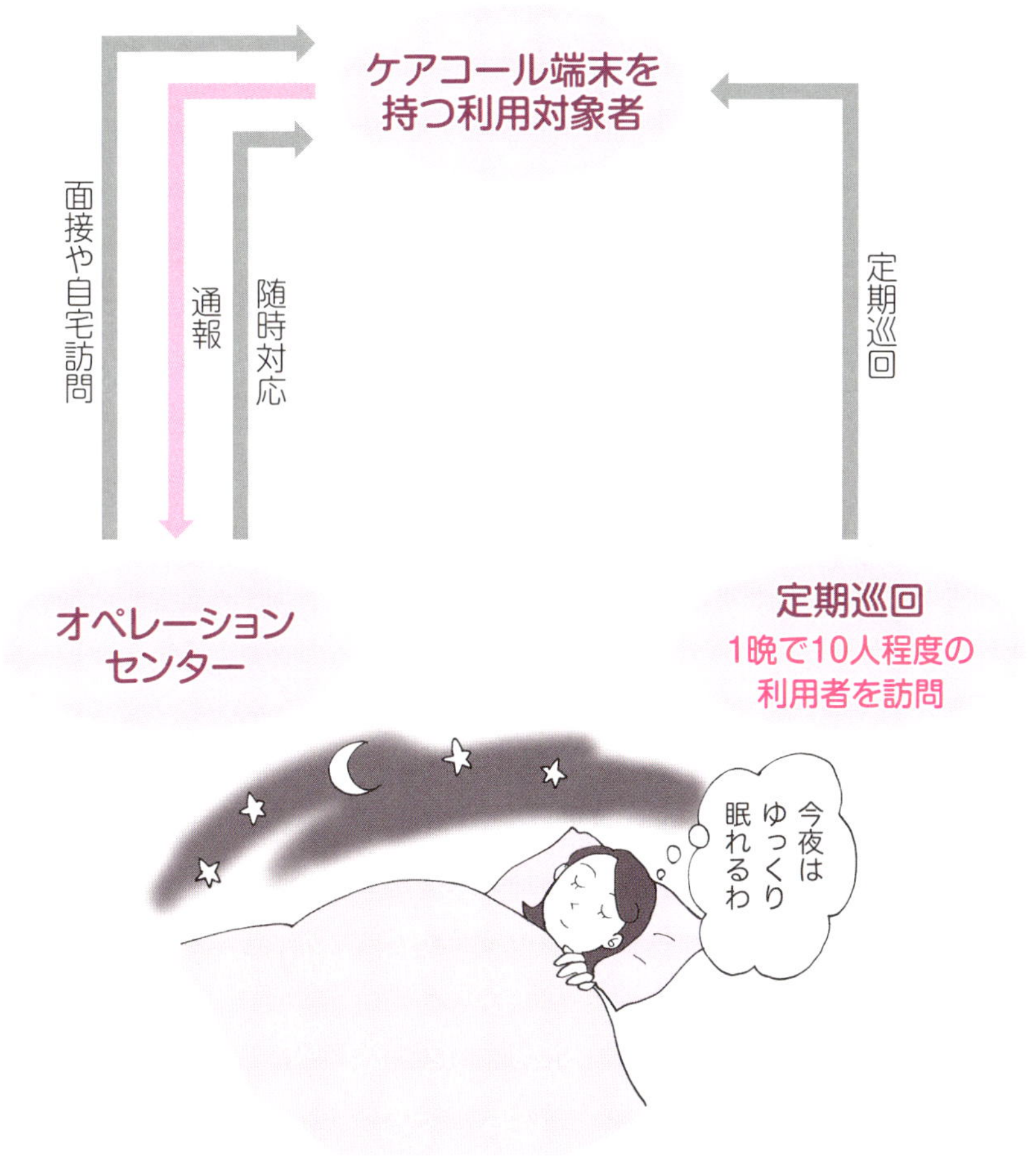

ケアコール端末を持つ利用対象者
面接や自宅訪問
通報
随時対応
定期巡回
オペレーションセンター
定期巡回
1晩で10人程度の利用者を訪問
今夜はゆっくり眠れるわ

COLUMN

要介護度によって どのくらいの介護が必要か？

同居する家族のうち主な介護者は、どのくらい介護に時間をかけているのでしょう？　要介護度が低いほど介護にかける時間は少なくてすみますが、「要介護５」では半数以上の人が、ほとんど終日介護に時間をとられているようです。直接介助する時間のほか、安全の見守りなどを含めると「ほとんど終日」「半日程度」の人が70%を超えています。こうなると時間的な制約が増え、介護者自身、仕事をしたり、自分のために時間を使うことが困難になります。

●同居している主な介護者の介護時間の構成割合

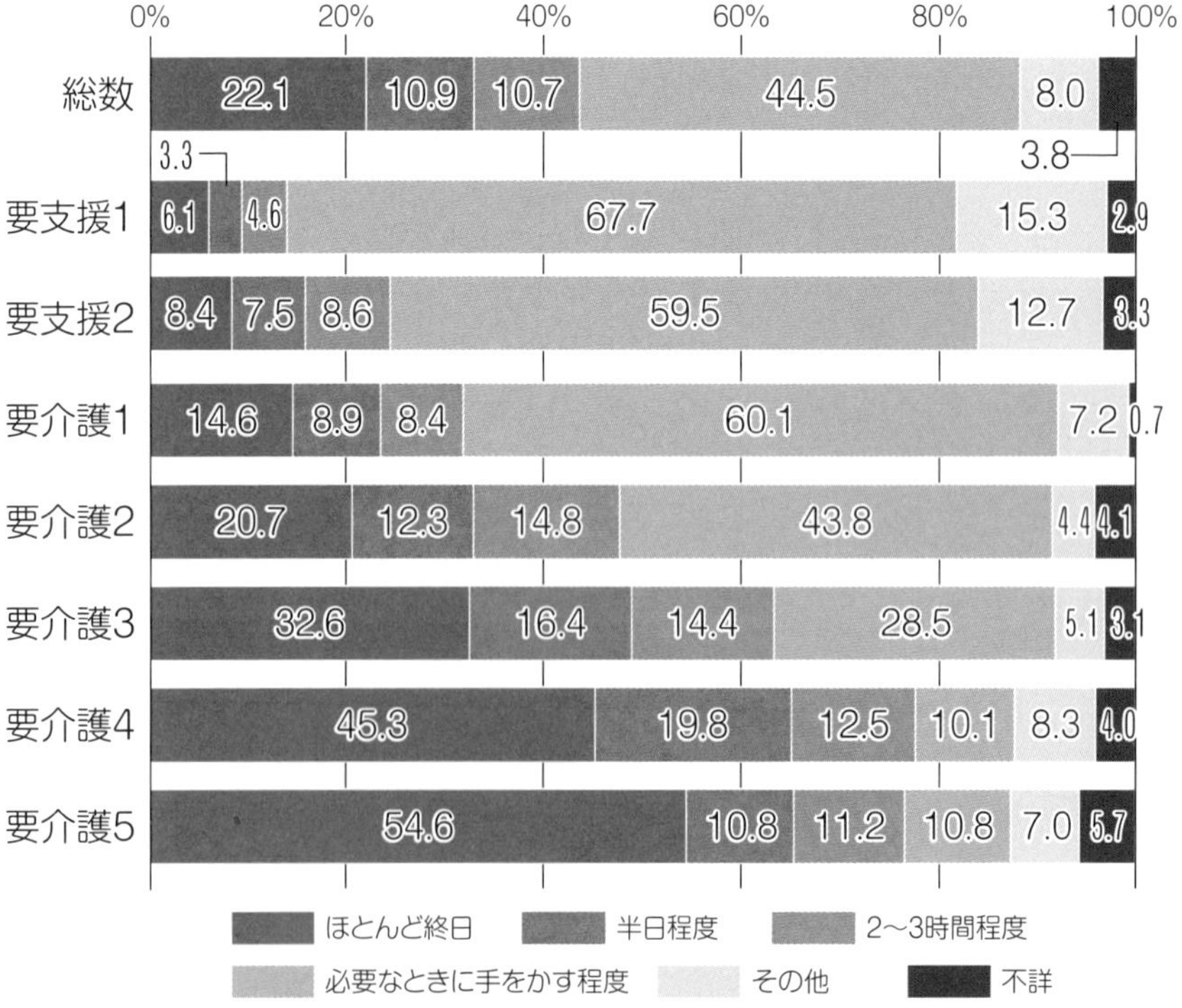

0%
20%
40%
60%
80%
100%
総数 22.1 10.9 10.7 44.5 8.0 3.8
要支援1 6.1 3.3 4.6 67.7 15.3 2.9
要支援2 8.4 7.5 8.6 59.5 12.7 3.3
要介護1 14.6 8.9 8.4 60.1 7.2 0.7
要介護2 20.7 12.3 14.8 43.8 4.4 4.1
要介護3 32.6 16.4 14.4 28.5 5.1 3.1
要介護4 45.3 19.8 12.5 10.1 8.3 4.0
要介護5 54.6 10.8 11.2 10.8 7.0 5.7
ほとんど終日
半日程度
2〜3時間程度
必要なときに手をかす程度
その他
不詳

※厚生労働省国民生活基礎調査（平成28年）

第6章

相手の気持ちがわかればストレスはたまらない

高齢者の体と心

加齢による体の変化を受け入れる

大事な3つ

①加齢とともに、五感や体力は衰えていく
②気持ちの行き違いの原因が、体の変化であることも
③「以前と違う」と感じたら、まずは体の変化に注目を

どんなに健康な人でも、体の機能は年齢とともに衰えていきます。高齢者とのコミュニケーションをスムーズにするためには、相手の体の状態を正しく知っておくことも欠かせません。お互いにイライラしたり、させられたりするのは「気持ち」の問題と捉えがちですが、実は、そもそもの原因は「体」にある場合も少なくないのです。

たとえば、話しかけても返事をしなかったり、ポイントがずれたような答えが返ってきたりする場合、家族は「ろくに話を聞いていない」「認知症が始まったのではないか？」などと考えてしまいがち。でも実際は、耳が遠くなって人の言うことがよく聞こえていないだけ、ということもあります。高齢になると、視覚や聴覚などの五感が衰え、体力も落ちていきます。こうした体の変化は徐々に進むため、あまり自覚がありません。そのうえ、身近な家族も気づかないでいると、単に「聞こえていないだけ」のことが、気持ちの行き違いにまで発展しかねないのです。「以前と違う」と感じることがあったら、まずは高齢者の体調の面から原因を探ってみましょう。

加齢による体の変化の例

聞く力の衰え

・聞こえにくいものや、聞こえにくいときがある

↓

早口で話すことば
高い声
雑音の中の声　など

見る力の衰え

・見えにくいものや、見えにくいときがある

↓

細かいものや動くもの
青系統の色
夕方など、うす暗いとき
明るいところから暗いところに入るなど、明るさが急に変化するとき　など

※白内障などの病気によって、ものが見えにくくなっていることもある

体力の衰え

・少し歩くと疲れるようになる
・あまり外出したがらなくなる
など

味わう力の衰え

・本人が作る料理が、甘すぎたり塩辛すぎたりする
・以前と食べものの好みが大きく変わる

嗅ぐ力の衰え

・こげくささに気づかず、料理をこがす
・室内のにおいや体臭などに無頓着になる

高齢者の体と心

加齢による心の変化を受け入れる

大事な3つ

①年をとっても、本来の性格が変わることはない
②「年寄りは頑固」などの思い込みをもたない
③経験から身につけた知識や判断力は衰えにくい

高齢者と接する際に心がけたいのは、「年をとると頑固になる、わがままになる」などの思い込みをなくすこと。年をとって頑固になったように見える人は、もともと頑固な場合がほとんど。おそらく、若いころは仕事や人間関係でのトラブルを避けるために頑固な面を隠していたのでしょう。認知症やうつ病などを発症した場合を除き、人の性格は、年をとったからといって大きく変わることはありません。

加齢によって衰えが見られるのは、何かを記憶したり、新しい状況に適応する能力です。その反面、これまでの経験から身につけた知識や判断力は低下しにくいと言われています。また、「まわりに迷惑をかけると悪いから、新しいことには挑戦しない」など、周囲への遠慮や気づかいから、「やればできるけれど、しないこと」もたくさんあるでしょう。

個性や考え方を無視して「年寄りだから」と片づけてしまうことは、高齢者の気持ちを傷つけます。また、介護される立場の場合、本音を口に出せない人も。身近な家族などが日ごろから高齢者の様子に注意し、本当の気持ちを察する努力も大切です。

加齢によって変わること&変わらないこと

変わらないこと

本来の性格

立場や環境の変化によって「現れ方」がかわることがあっても、大きく変化することはない

※性格がまったく変わってしまった場合は、認知症やうつ病の可能性があるので、早めに受診する

オレは
若い頃から
こうなんだよ!

経験から得た能力

これまでの教育や社会生活を通して蓄積された知識や習慣、判断力などは、年をとっても衰えにくい

周囲への気配りから、「できるけれど、しないこと」も増える

変わること

昔は
こんなこと
なかった
のになぁ
あれ?

記憶力

「昨日の夕食のおかずが思い出せない」など、短期の記憶力が衰え、もの忘れも多くなる

新しいことに適応する能力

新しいことを覚えたり、状況の変化に適応したりする能力が、徐々に低下していく

高齢者との接し方

プライドを傷つけない接し方を心がける

大事な3つ

①介護される側の気持ちを考えることを忘れない
②入浴や排泄などのケアには、とくに気配りを
③「何も言わない＝不満がない」というわけではない

自分が一生懸命介護しているのに、本人はお礼も言わず、うれしそうな顔さえしない…。こんなときは、高齢者を責める前に、その理由を考えてみることも必要です。介護が日常になってくると、無意識のうちにかかわり方が粗雑になるもの。最初は慣れないことに対する緊張からていねいにしていたことも、毎日くり返すうちに、早く済ませることを優先するようになったりしがちです。介助などを手際よく行うのはよいことですが、介護する側の都合ばかり考えて「される側」への気配りがおろそかになるのは問題です。とくに気をつけたいのが、入浴や排泄などのケア。介護される側が不快な思いをせずにすむよう、ことばや態度には十分な配慮が必要です。介護される側には、いろいろなことを「してもらっている」という負い目があります。そのため、自分が感じていることを口に出せず、じっと我慢している人も多いのです。たとえ認知症が進んでいるような場合でも、感情までなくなることはありません。高齢者のプライドを傷つけるような言動をとらないよう、日ごろから気をつけましょう。

こんな言動が高齢者のプライドを傷つける

やたらと急かす

「早くして」「しっかりして」などと、急かすのは禁物。体を思うように動かせない高齢者の気持ちを傷つけることに。また、急かすことで混乱し、さらに時間がかかることもある

羞恥心を無視する

入浴や排泄のケアは、とてもデリケートな問題。介護者が「どうしたいか」ではなく、介護される側が「どうしてほしいか」を察して、さりげなく気配りをしたいもの

無神経なことばを使う

高齢になったからといって、感受性が鈍くなるわけではない。たとえ認知症を発症している場合でも、失礼なことを言う、子ども扱いする、命令口調で話す、などはしない

露骨にイヤな顔を見せる

ことばに出さなくても、表情や態度で不快感を表したのでは同じこと。介護を受けざるを得ない高齢者にとって、介護者にイヤな顔をされるのは辛いもの

高齢者との接し方

「してあげている」という態度は厳禁

大事な3つ

①介護者のやさしさや善意を押しつけない
②高齢者を子ども扱いしない
③心身が衰えていても、ひとりのおとなとして接する

身の回りの世話や身体介護を続けていると、介護する側に「してあげている」という気持ちが生まれることがあります。たしかに、介護される側が「してもらっている」ことは多く、それに対して感謝もしているでしょう。でも、だからといって、やさしさや善意を押しつけるような態度をとられるのは、気持ちのよいことではありません。

病気や加齢のために自分でできないことが増えたからといって、高齢者の人格を認めないような態度をとるのは間違いです。たとえ悪気はなくても、子どもと接するときのような口調で話しかけたり、何度も念を押したりすることも避けましょう。心身に衰えが見られるとしても、相手は子どもではありません。尊敬の気持ちを失わず、おとなとして接することが大切です。「してあげている」と思うことは、介護者の満足感につながり、毎日の介護を少しは楽にしてくれるのかもしれません。でも、介護を受けざるを得ない高齢者も、もどかしさやつらさを感じているはず。必要以上に「弱者」として扱わないことも、介護者に求められる思いやりのひとつです。

こんな態度に注意！

子ども扱いする

ゆっくりしたペースではっきり話すことは大切だが、ことばづかいは、あくまでおとな向けに。子どもに話しかけるような口調は避けて

「～してあげる」と口に出す

「お風呂に入れてあげますからね」などの言い方は、押しつけがましく感じることも。「お風呂に入りましょうか」など、言い方をくふうする

必要以上に世話を焼く

高齢者が自分でできることまでケアをするのはやめる。「高齢者＝弱者」という思い込みは捨て、本人ができることをきちんと見極める

しつこく念を押す

「わかった？」など、くり返し念を押すのはやめる。たとえ相手を心配する気持ちからであっても、言われる側は不快に思うことも

高齢者との接し方

「聞き流す」ことも必要

大事な3つ

①同じ話を聞かされても、無視したり怒ったりしない
②高齢者にとっては「聞いてもらえば気が済む」ことも多い
③「いつもの話」は適当に聞き流しておけばよい

毎日、同じ相手といっしょに過ごしていると、日常会話さえ苦痛に感じられることがあります。とくに、話がくどかったり愚痴っぽかったりすると、聞き手にとっては大きなストレスになります。実の親子など遠慮のない間柄の場合、思わず「何度も同じ話をしないで！」などといら立ちをぶつけてしまうこともあるかもしれません。でも、介護が必要な高齢者に、幅広い話題を求めるのは無理というもの。新しい経験をする機会が極端に少ないのですから、何度も同じ話をするのもしかたがないことではないでしょうか。また、病気や不調をかかえて不安な人が愚痴っぽくなるのは、ごく当然のことです。

とは言っても、何度も同じ話を聞かされるのはつらいもの。イライラしないために有効なのは、「聞き流す」ことです。高齢者が話したがるのは、主に不安や退屈を解消するため。「聞いてもらうだけで満足する」ことも多いので、すべての話をしっかり理解し、真剣に答えなくてもよいのです。聞いたことがあるな、という話が始まったら、適度にあいづちを打ちながら軽く聞き流しておきましょう。

「いつもの話」が始まったときの対処法

Point
掃除機をかける、テレビをつけるなど、明らかに話が聞こえなくなるようなことは避ける

別のことをしながら聞く

「いつもの話」が始まったら、別の用事を片づけながら聞く

Point
「うん、うん」と単調なあいづちでは、相手から「聞いていないのでは?」と疑われてしまう。「へえ」「そうだったの?」「それで?」など、ほどよくバリエーションをつけるとよい。ただし、あまり質問攻めにはしない

あいづちを打ちながら聞き流す

黙って聞いていると、高齢者が「無視された」と思ってしまうので、タイミングよくあいづちを打つ

無視する

話しかけてくるのを無視したり、いきなりその場を離れたりしない。高齢者の気持ちを傷つけ、介護者との関係がギクシャクする原因にも

話をさえぎる

「その話は何度も聞いたから！」などと、話を最後まで聞かずにやめさせたりしない。高齢者は「話を聞いてもらえない」と感じ、言うべきことさえ言えなくなってしまう可能性がある

高齢者との接し方

何でも「認知症」に結びつけない

大事な3つ

①軽い気持ちで「認知症なんじゃない?」などと言わない
②加齢によるもの忘れは、だれにでも起こる
③もの忘れと認知症は違う、ということを知っておく

高齢者は、ちょっとしたことを忘れてしまったり、同じことをくり返し聞いてきたりすることがあります。家族の場合、遠慮なくものを言い合える気安さから、つい「認知症なんじゃない?」などと言ってしまうことがあるかもしれません。本人を心配する気持ちから出たことばなのでしょうが、言われる側にとっては、気持ちのよいものではありません。

若い家族にとって、認知症はまだまだ他人ごと。親に向かって「認知症なんじゃない?」などと言いながらも、本心では「まさか、そんなことはない」と思っているのではないでしょうか。でも、高齢者にとって、認知症はとても身近な不安材料。冗談めかしてはいても、家族から指摘されたら不安は大きくなるばかりです。不安感が高まれば、「忘れないようにしたい」「覚えていることを確認したい」という思いも強まります。その結果、同じことを話したり尋ねたりする回数が増える、という悪循環に陥ることも考えられます。もの忘れと認知症は、まったく別のもの。まずは家族が正しい知識をもち、高齢者に不必要な不安を感じさせないことが大切です。

もの忘れと認知症の違い

もの忘れ

朝食に食べたものを忘れてしまう

知り合いの顔はわかるが、名前を思い出せない

大切なものをしまった場所を思い出せない

探しものをしている途中で、何を探しているのか忘れてしまった

約束の日時や場所を間違えた

認知症

「朝食を食べた」という事実が思い出せない

顔も名前も思い出せないため、知り合いだということに気づかない

よく知っているところで道に迷う

いつも使っている道具の使い方がわからなくなる

財布などを盗まれたといって騒ぐことがある

※もの忘れと認知症の区別は難しい場合があるので、気になる症状が見られる場合は、早めに専門医に相談を！

高齢者との接し方

行動の前にことばで知らせる

大事な3つ

① 身体介助を行う前に、「何をするか」をことばで伝える
② 事前のことばかけで、高齢者の不安や不快感をやわらげる
③ 介護は、介護される側が望むペースで

高齢者を介護する際に心がけたいのが、「事前のことばかけ」です。とくに身体介助を行うときは、体に触れる前に「体の向きをかえましょうね」などと声をかけ、これからしようとしていることを伝えましょう。次に何をするのかがわかれば、介護される側の不安や驚きが小さくなります。また、可能な範囲で体を動かすなどして、介護者に協力することもできるようになります。毎日、一定の手順で行っていることであっても、必ず口に出して伝えましょう。

次に起こることが予測できないまま、体に触れられたり、動かされたりするのは、気分のよいことではありません。たとえば、「目薬をさすので、動かないでくださいね」と知らせておけば、軽く頭を押さえられても不快ではないでしょう。でも、何も言わずに同じことをされたら、「いきなり頭を押さえつけられた」と、介護者から乱暴に扱われたように感じてしまうかもしれません。身内による日常的な介護は、慣れてくるほど、介護者のペースで行われるようになりがち。介護される側への気配りのひとつとして、事前のことばかけを忘れないようにしましょう。

「ことばかけ」の効果

仰向けから横向きに体の向きをかえるとき

これからしようとすることを、ことばで知らせる

いつもしていることだから手順はわかっているだろうと思い、何も言わない

介助にうまく協力することができない

身体介助の負担が増える

「乱暴に扱われている」と感じてしまうことがある

ひとつひとつの動作の前に、何をするかを知らせる

動きに合わせて、できる範囲で力を入れるなどして協力することができる

身体介助の負担が減る

事前に知らせてもらうことで、「ていねいに扱ってもらっている」と感じることができる

高齢者との接し方

先回りして世話をしすぎない

大事な3つ

①自分でできることは、自分でしてもらうようにする
②「自分でできないことを手伝う」のが、介護の基本
③行きすぎたケアは、高齢者の心身の衰えを早める原因に

高齢者の日常のケアには、単調で時間がかかることがたくさんあります。自宅で介護をしている場合、介護以外にも家事や育児などの仕事があり、ひとつひとつのケアを「早く済ませたい」と思うのは無理もないことです。でも、介護者がしたほうが早いから、きちんとできるからと、必要以上に手助けをするのは、お互いのためになりません。できることは自分でするのが、介護の基本です。

身のまわりのケアまですべて介護者にまかせるようになると、高齢者が体を動かす機会が減っていきます。筋肉は使わなければ衰えていくため、過度のケアは、寝たきりになる時期を早めてしまう原因にもなります。また、介護される高齢者にとっては、自分でできること・したいことまで「しなくていい」と言われているようなもの。何もかも先回りされてしまうと、自立して過ごしたいという意欲まで失ってしまいかねません。自立できる部分を少しでも多くキープするためには、時間がかかるなどのデメリットには目をつぶり、本人に任せることも大切。介護者自身のためにも、過度のケアは慎みましょう。

適度なケアが介護者の負担も軽くする

×

本人ができることまで介護者がしてしまう

↓

・体を動かす機会が減り、筋肉が衰える
・自立して過ごそうという意欲が失われる

↓

寝たきりになる時期が早まる

○

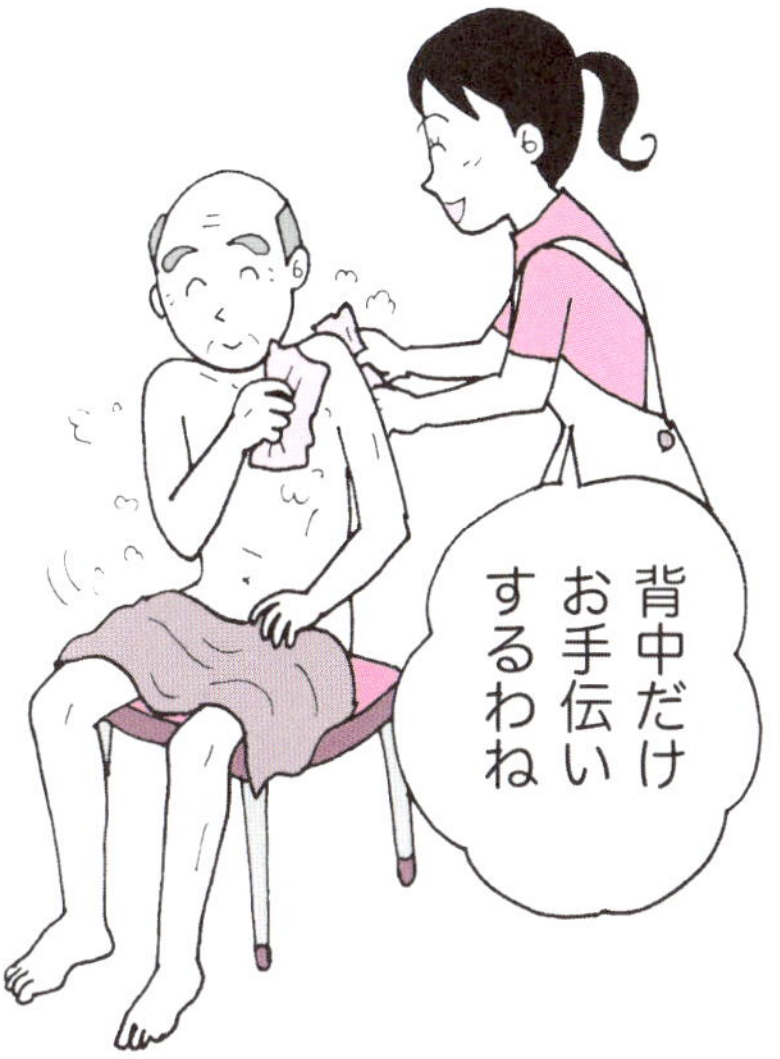

できることは自分でしてもらう
→・入浴時、自分で体を洗う
・介助してもらい、歩いてトイレに行く
・食事を自分で口に運ぶ　など

↓

・動作に必要な筋肉を動かすことにつながる
・少しでも自立して過ごそうという意欲がわく

↓

体の機能が長く保たれる

認知症の介護

認知症の人との接し方の基本

大事な3つ

①いちばんつらいのは本人だということを忘れない
②叱ることは、症状の改善につながらない
③記憶力などが衰えても、感情はなくならない

高齢者を自宅で介護する場合、介護者の負担がもっとも大きいのが認知症の介護でしょう。症状が進むとコミュニケーションをとるのが難しくなるのに加え、妄想や徘徊、幻覚など、対処が難しいさまざまな行動・心理症状が現れます。また、アルツハイマー病などが原因の場合、病気がかなり進行するまで体に症状が現れず、周囲の人に介護の大変さが伝わらないことも介護者のストレスを大きくします。

いっしょに暮らす家族ができる最良のケアは、認知症の人が安心して暮らせる環境をつくることです。気になる言動は「病気のせい」と大らかに受け止め、叱ったり、イライラした顔を見せたりするのはやめましょう。叱っても改善にはつながらないばかりか、気持ちが不安定になって、ますます症状が悪化することもあるからです。そして、認知症になったからといって感情までなくしたわけではない、ということを忘れずに。相手の人格をきちんと認め、尊敬の気持ちを失わずに接することが大切です。そうした接し方で、被害妄想などの症状の出現を押えることができます。

認知症の人への接し方の基本

否定しない

　認知症の人の言うことが間違っていても、否定しない。正しいことを説明するより、言い分を受け入れて調子を合わせたほうが本人も安心する

叱らない

　叱られた理由は理解できず、「大きな声でどなられた」といった不快感だけが残ることが多い。信頼関係を保つためにも、叱るのは逆効果

プライドを傷つけない

　記憶力や理解力が衰えても、ものごとを感じる力は失われていない。認知症の人を傷つけたり、不快な思いをさせたりするような言動は避ける

不安にさせない

　認知症の人は、時間や場所、人などを正しく認識できずに不安を感じていることが多い。何か聞かれたときは、正しい答えより、安心させる答えを

表情と動作を一致させる

　不機嫌な表情でやさしいことばをかけても、認知症の人には伝わりにくいもの。話しかけるときは、ことばの内容を、態度や表情でも伝えるつもりで

認知症の介護

認知症を知ることでストレスを軽くする

大事な3つ

①認知症の人は、現実とは違う世界に生きている
②現実を認識させるのは難しい
③認知症の人の言うことを受け入れ、調子を合わせてみる

ほかの病気の介護は身体介護が中心なのに対し、認知症の介護は、主に行動・心理症状をおさえるための精神的なケアが中心になります。介護者の多くが悩まされるのが、認知症の人とのコミュニケーションのとり方。症状の進行とともに会話がかみ合わなくなっていくためにお互いに大きなストレスを抱えることになり、気持ちが通じないもどかしさから信頼関係までくずれてしまうこともあります。

介護する側が知っておきたいのは、認知症の人は現実とは違う世界に生きている場合が多い、ということ。本人以外には理解できない言動が見られるのも、そのためです。現実を認識させようとがんばっても、残念ながら効果は期待できません。ストレスを軽くするためには、介護者が発想を切り替え、「お互いにいやな思いをしない対処法」を身につけるのがいちばんです。基本は、否定したり、間違いを正したりしないこと。認知症の人が言うことに過敏に反応するのはやめ、さりげなく調子を合わせましょう。認知症の人は良い経験は残りにくく、家族の否定的行動が記憶に残りやすい傾向にあります。

お互いに、いやな思いをしない対処法の例

財布を盗まれたと言う

とりあえずいっしょに探すふりをし、少し時間をおいてから本人に見つけてもらう

娘なのに、妻と間違えられた

間違いを正さない。母のふりをするなど無理して演技をする必要もない

食事したことを忘れて催促する

いったんキッチンなどへ行く。少し時間をおいて顔を出し、話題をかえる

仕事に出かけようとする

否定をせずに、いっしょに出かけて「そろそろお家に帰りましょう」と促す

認知症の介護

認知症になった家族を受け入れるまで

大事な3つ

①認知症になった家族を、すんなり受容できる人はいない
②混乱したり、腹を立てたりしても、自分を責めない
③介護者の負担を軽くし、心のゆとりをとり戻すことが大切

認知症の介護のつらさをやわらげるために欠かせないのが、現実を受け入れることです。でも認知症は、症状が進むと人格までかわってしまう病気。現時点では根本的な治療法も確立されていないため、家族が発症した、という事実をすんなり受け入れられる人などいないでしょう。

個人差はありますが、最初は「まさか、認知症ではないだろう」と否定し、現実から目をそらしてしまう人がほとんど。その後、介護を続けながら悩んだり迷ったりするうちに、「むやみに腹を立てても、お互いのためにならない」と気づき、徐々に認知症の人を受け入れられるようになっていくのです。介護を投げ出したくなったり、認知症になった家族に理不尽な怒りを感じたりするのは、家族ならだれもが経験すること。「病気だとわかっているのに、やさしく接することができない」などと、自分を責める必要はありません。認知症の人を受け入れるためには、介護する側に心のゆとりが必要。よりよい介護のためには、家族や介護サービスの力を借りて、介護者の負担を軽くしていくことも大切です。

認知症を受け入れるまで

「まさか！」期	家族の様子がふだんと違うことに気づいても、「まさか認知症ではないだろう」「自分の気のせいだ」などと考え、現実を認めない

↓

「どうして!?」期	認知症であることがわかり、介護がスタート。接し方がわからずにイライラしたり、認知症特有の行動に腹を立てたりしてしまう

↓

「しかたがない」期	介護にも慣れ、「認知症なんだから」と割り切って考えることもできるようになる。介護サービスなども上手に利用できるようになる

↓

認知症の人を受け入れる

・お互いに、いやな思いをしない接し方ができるようになる
・認知症の人の気持ちを、自然に思いやるようになる
・介護サービスや家族の力を借りて、無理のない介護ができるようになる

↓

介護ストレスが軽くなる

COLUMN

どこでどのような介護を受けたいか?

「自宅で家族中心に介護を受けたい」と答えた人は、男女で差はありますが平均すると20%以下で、介護サービスを利用することへの抵抗感は薄らいでいるようです。男性、女性とも答えの第1位は「家族に依存せずに生活ができるような介護サービスがあれば自宅で介護を受けたい」です。子などに迷惑をかけるより、外部の介護サービスを利用して、自宅で暮らし続けたいと希望する人が多いようです。それも含めて、自宅に住み続けたいという答えは全体の約75%で、多くの人が在宅ケアを望んでいるのがわかります。

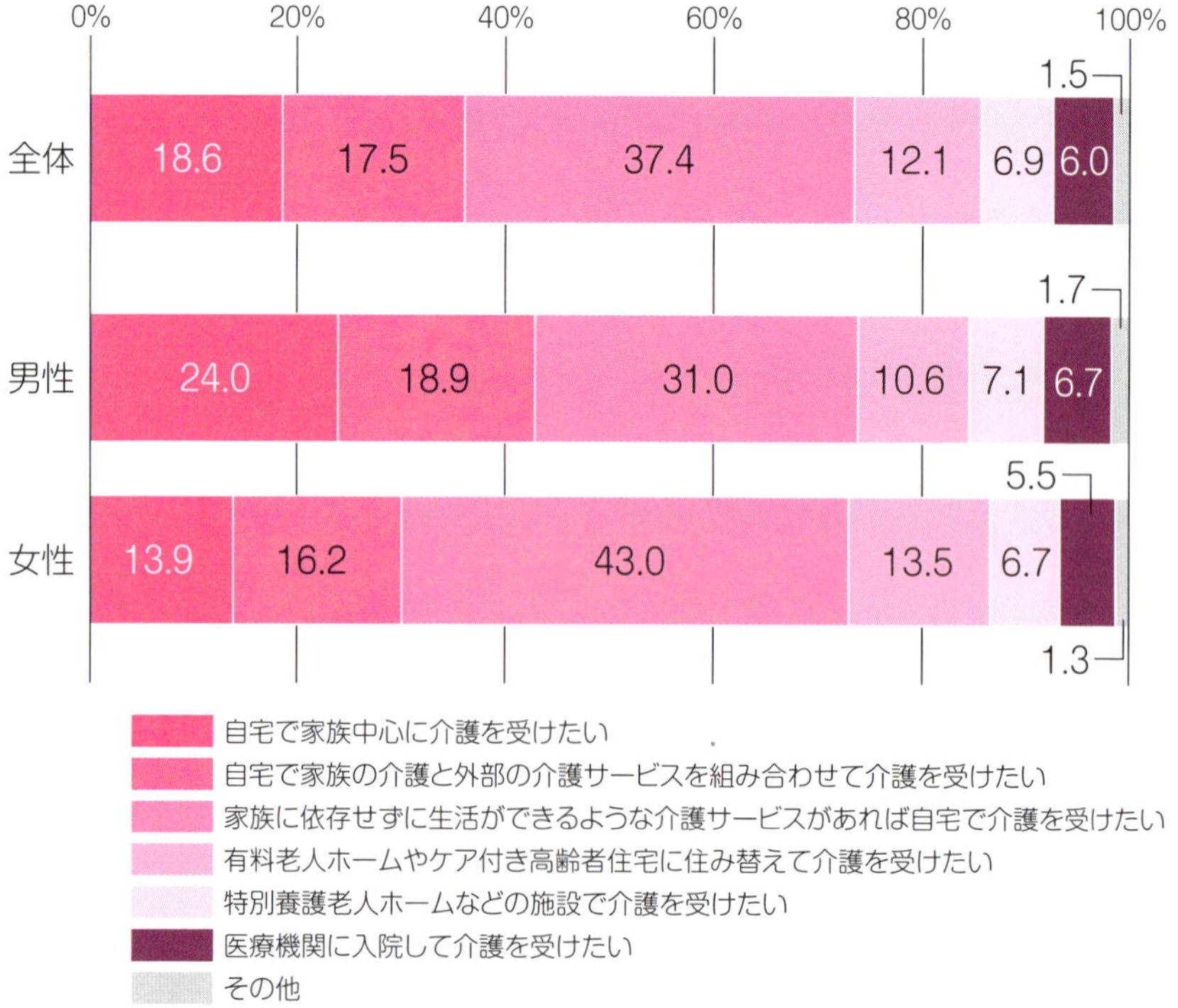

※「高齢社会に関する意識調査」(平成29年)　(注)調査対象は、全国の40歳以上の男女

介護を楽にするケアプラン8事例

第7章

事例1

近隣介護
要介護3

中途半端が嫌いなせいか、弟夫婦には任せられません

父は、元大手自動車メーカーの研究者で、定年後は70歳まで下請け会社の役員として働いてきました。趣味は柔道とテニス。能面作りも趣味で、自宅には自作の能面が数多く飾ってあります。性格は厳格で几帳面。パーキンソン病の母を5年間介護し、見送った翌年に膀胱がんで入院し、退院後は足腰が弱くなりました。物忘れが始まり診察を受けるとアルツハイマー型認知症でした。正直、そのときは認知症を甘くみていました。

近所に住んでいる私は父親譲りの几帳面な性格です。ほぼ毎日訪問し、完璧な介護をやってきました。徘徊がひどくなり失火の心配もあるので泊まり込む日々です。妄想で奇妙な話をするときは話を合わせるのがつらいです。父の作品の能面が夜になると気味悪いのですが、言いだせません。食事もむせることが多く、1時間以上かけています。訪問看護師さんに「がんばりすぎる」と心配されていますが、中途半端は嫌なのでついついやっちゃいます。弟夫婦にはとても任せられません。

半年前から私も貧血で立ちくらみが多くなり、3カ月前の捻挫《ねんざ》をきっかけに歩くのもおっくうです。父は大きな声が出せないので、鈴にひもをつけて、用事がある時はひもを引っ張ってもらうように工夫しました。最近では夜も起こされることが増え、仕方なく添い寝しています。不眠ぎみです。身体が大きい父なので風呂に入れることもできず、褥瘡が心配です。

家族構成

要介護者
男性（84歳）
主たる介護者
長女（57歳）
介護の原因
アルツハイマー型認知症・膀胱がん
介護の場所
自宅

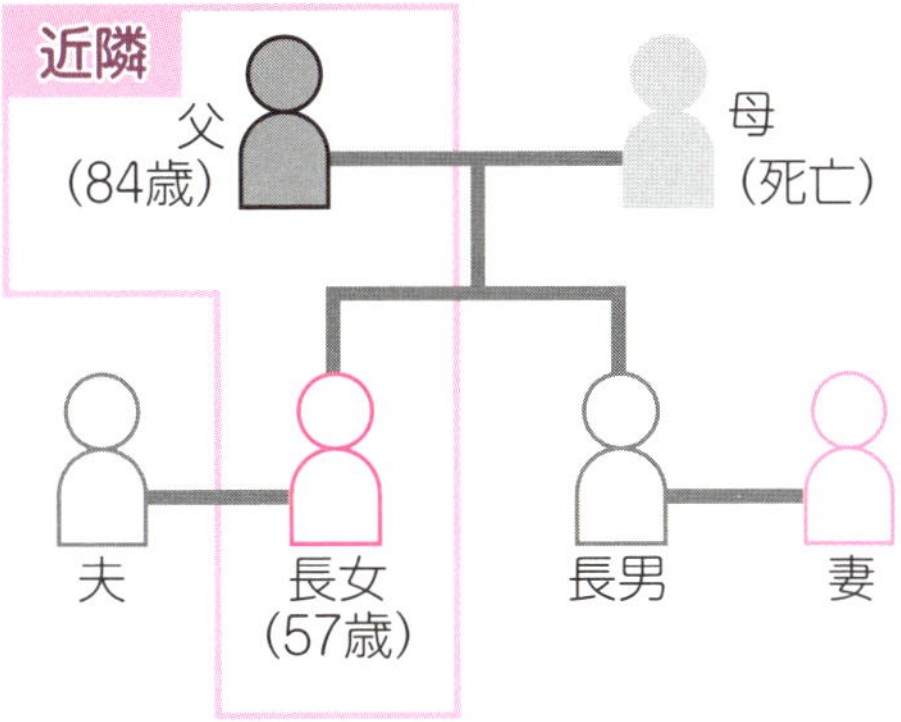

介護サービス（週間）

	月	火	水	木	金	土	日
早朝	長女の朝の介護（整容・食事・排泄）					短期入所介護	
午前	通所リハビリ（～8時間）	訪問介護（45分以上）	通所リハビリ（～8時間）	訪問介護（45分以上）	通所リハビリ（～8時間）		
午後		能面作り		訪問看護（30分～1時間）			
夜間	長女の夜の介護（食事・排泄・就寝）						
深夜							
自己負担（月額）	約23,000円＋食費（通所リハ、短期入所介護）						

ムロ先生からのアドバイス

長女の方はかなり熱心な介護でフラフラな状況でした。几帳面な性格にプラスして、「妻の役割」に近い介護になっていたのでしょう。介護保険も訪問介護サービスが週２回程度と訪問看護週１回でした。これでは体力的にもつぶれてしまいます。お父さんは外出可能ですし、多趣味なので、リハビリとして麻雀などを取り入れている老健の通所リハビリを週３回組み入れ、お風呂にも入るようにアドバイス。月に２回（２日間ずつ）の短期入所介護を利用することで長女の介護疲れをとり、気分転換ができるようにアドバイス。パート職にも復帰できました。

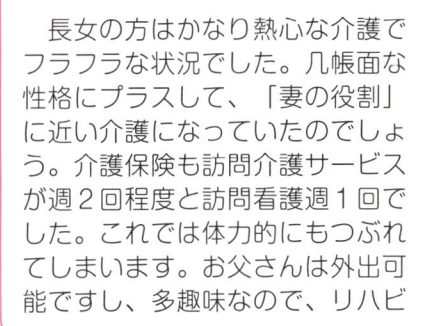

事例2

同居介護
要介護2

3カ月前から不眠が続き、肩こりもひどく、眠れません

母は父と職場で出会い、結婚したそうです。母が23歳、父は30歳でした。３人の娘には教育熱心で塾にも通わせてくれました。躾《しつけ》はきびしかったですね。

父が70歳のとき肝臓がんで他界してから、母はひとり暮らしでしたが、私が離婚して娘２人を連れて戻ってからは、ずっと同居です。

３年前から物忘れがひどくなり認知症と診断。飼っていた犬が事故で死んで落ち込んでいたので、雑種の子犬をもらいました。週２回のデイサービスも「子犬を置いては行けない」と拒否が始まり、いまは行っていません。

自分で掃除ができず、尿失禁状態でも着替えもしないので、部屋の中は尿臭がひどいのですが、いくら着替えろと、私が叱ってもききません。あれだけきれい好きだった母が、と思うと情けなくて声もきつくなります。

昼間の仕事から帰るのが憂うつです。３カ月前から不眠が続き、肩こりもひどく、眠れません。更年期障害なんでしょうか。仕事のミスもありますね。

母は昼間寝ていて夜にゴソゴソ起きています。甘いものが好きなせいか、肥満体型で膝を痛めています。風呂に入れるのは私１人では、とても無理です。向かいが小さなスーパーですが、尿臭がひどく出入り禁止と言われましたが、忘れている状態です。隣市に次女がいますが、電話をたまにかけてくる程度です。長女としてのメンツで頼めません。

家族構成

要介護者
女性（79歳）
主たる介護者
長女（55歳）
介護の原因
脳血管性認知症・肥満・糖尿病
介護の場所
自宅

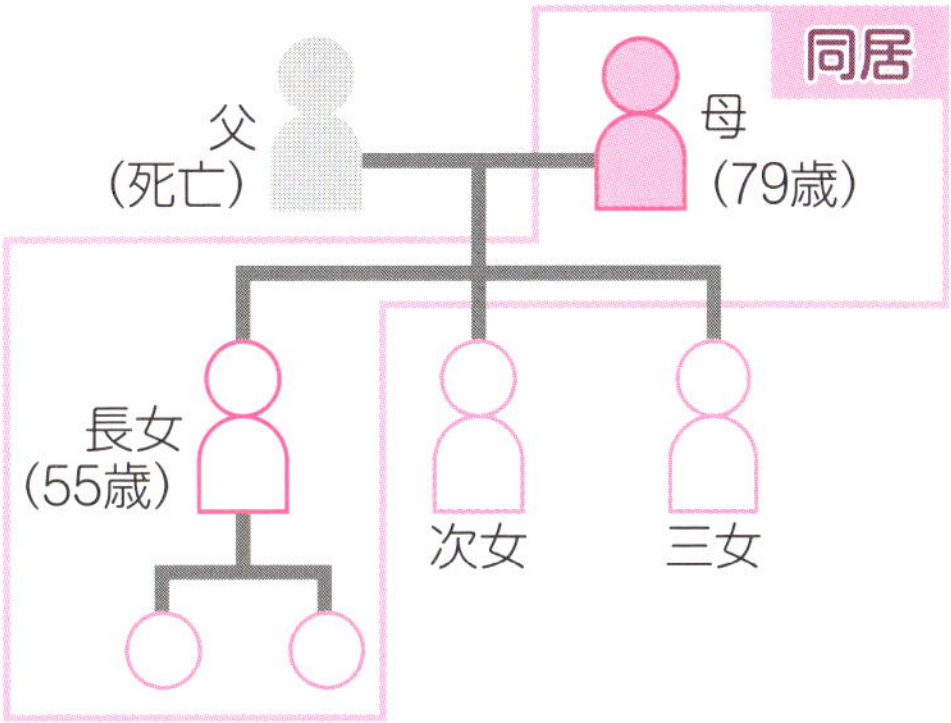

介護サービス（週間）

	月	火	水	木	金	土	日
早朝	長女の朝の介護（整容・食事・排泄）						次女が泊まる
午前	**通所介護（～9時間）**		**通所介護（～9時間）**	**訪問介護（45分以上）**	**通所介護（～9時間）**	次女が泊まる	
午後		**訪問介護（45分以上）**					
夜間	長女の夜の介護（食事・排泄・就寝）						
深夜							
自己負担（月額）	**約11,000円＋食費（通所介護）**						

ムロ先生からのアドバイス

この長女の方は、お母さんの変化に折り合いをつけるのに悩んでおられました。子ども時代に躾をきびしくされたことで、娘さんの口調もついきつくなってしまうのかもしれません。犬が好きなので動物セラピーとして犬や小鳥を飼っているデイサービスはどうかと紹介しました。ペット好きの方が多いので子犬をケアに活かしている施設も増えていますから。

その結果、居室の掃除はヘルパーさんにお願いして、犬をケアに活かしているデイサービスにも慣れ楽しそうに行かれているようです。次女さんにも現状を話し、週１回は泊まりに来てくれるようになりました。

事例3

老老介護

要介護2

朝から酒を飲むアルコール依存症の夫の世話にうんざり

建築関係の仕事をしていた夫は、もともとは穏やかな性格でしたが、お酒が好きで、中年期からお酒で失敗することが多くなりました。72歳のときに仕事仲間と行った温泉場で、脳梗塞で倒れました。1カ月間入院し、それから半年間、老健でリハビリをして自宅に戻ってきました。おとなしかった性格がすっかり変わり、しばらくすると朝からお酒を飲むようになりました。禁断症状が出ると大声で叫ぶので、近所に気を使って与えてきました。1年前に胆のう炎で入院しましたが、暴言がひどく病院から逃げ出そうとするので数日後に強制退院させられました。精神科を受診するとアルコール依存症と診断されました。

現在は、介護保険の認定を受けて要介護2です。デイサービスの利用から始めたのですが、「酒が飲めない」と朝から暴れるので、結局、妻の私が付き添うことになりました。人見知りをするので、話し相手もできなかったようです。

デイサービスに行かない日は電気こたつでテレビを見ています。会話もほとんどありません。去年の冬に広範囲の低温やけどになりました。糖尿病で皮膚感覚がなかったようです。いまは訪問看護をお願いしています。私は4年前に右乳がんの手術をしてリンパ腺も切除したので、利き腕が使えません。夫もイライラするので怒鳴る声もひどくなるばかりです。つらいだけの日々で、もういい加減にしてもらいたい気持ちです。

家族構成

要介護者
男性（75歳）

主たる介護者
妻（70歳）

介護の原因
脳梗塞・糖尿病・高血圧・アルコール依存症・胆のう炎

介護の場所
自宅

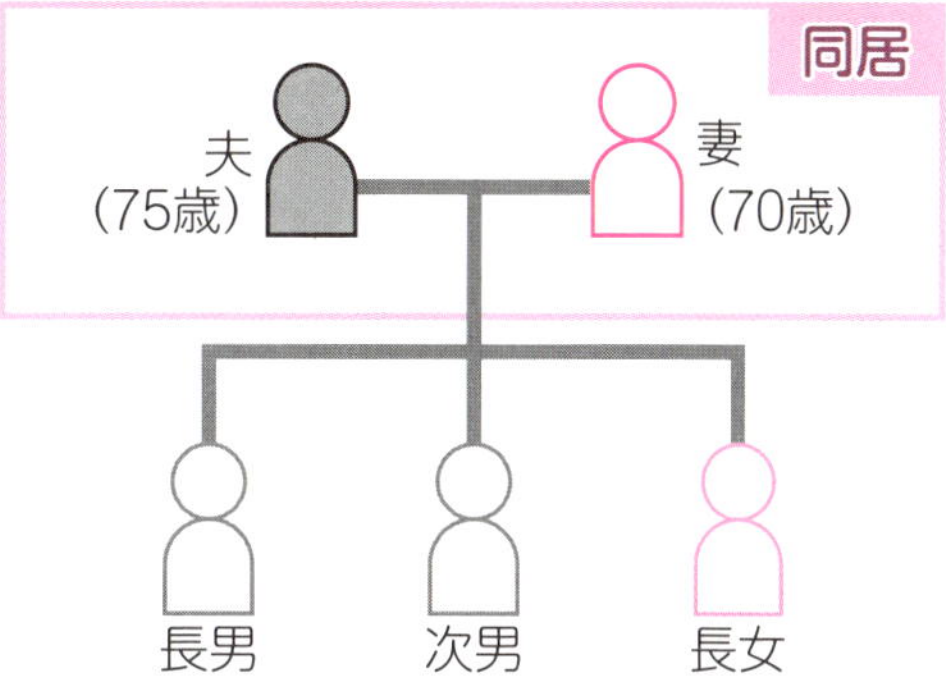

介護サービス（週間）

	月	火	水	木	金	土	日
早朝	妻の朝の介護（整容・食事・排泄）					短期入所介護	
午前	通所介護（～9時間）		通所介護（～9時間）		通所介護（～9時間）		
午後		訪問介護（30分～1時間）		訪問看護（～30分）			
夜間	妻の夜の介護（食事・排泄・就寝）						
深夜							
自己負担（月額）	約19,000円＋食費（通所介護、短期入所）						

ムロ先生からのアドバイス

おとなしい性格の方がアルコール依存症で人格が変わることはよくあります。ストレスをためやすい方なのでしょう。

家族が世間体を気にして、ついお酒を与えてしまうと、「依存症の協力者」になってしまいます。精神科を定期受診すること、また月に２回程度は短期入所などを利用し、介護者が身体を休めることから始めることです。ある一定の距離を保つことで夫婦関係の改善を図ることができます。

訪問看護も積極的に利用し、医師や看護師から注意してもらうことも効果的です。日中、家で楽しめる趣味なども探し始めることも大切ですね。

事例4

老老介護

要介護3

妻がいなくなることを考えると気持ちがふさぎます

妻の介護を始めて7年です。最初は軽い脳梗塞でした。大事に至らず右半身にマヒが残る程度でした。骨粗しょう症と5年前の右大腿骨頸部骨折で介護が必要になりました。移動は車いすです。そのため妻は外に出たがりません。

これまで週3回のデイサービスと週1回の訪問介護でがんばってきました。倒れる前の妻は、書道教室と絵画教室の先生で、仲間も多く明るい性格でした。それが要介護になってからわがままになりました。若いころに苦労をかけたので、罪滅ぼしの思いもあり、介護は1人でがんばっています。ヘルパーさんのやり方を見ていると段取りが悪いですね。あれなら私にもできますよ。

妻は私の母の介護を5年間献身的にやってくれました。葬式も終わり、これから楽しもうと思った矢先に倒れたのです。そんなこともあり、子どもの世話にならずに、下の世話まですべて私がやっています。本人もそれを喜びますしね。

一度、肺炎で1週間入院したときに、妻がいない家はガランとしてとてもさみしかった。「おやすみ」と言う相手がいないことはなんとさびしいことか。子どもたちやケアマネさんは心配してくれています。私が根を詰めるタイプですからね(笑)。つらくないといえば嘘ですが、妻がいなくなることを考えると余計気持ちがふさぎます。妻を外に出そうとがんばるのですが、叱ると黙ってしまうんです。だめですね、説教するので。

家族構成

要介護者
女性（72歳）

主たる介護者
夫（76歳）

介護の原因
大腿骨頸部骨折・骨粗しょう症

介護の場所
自宅

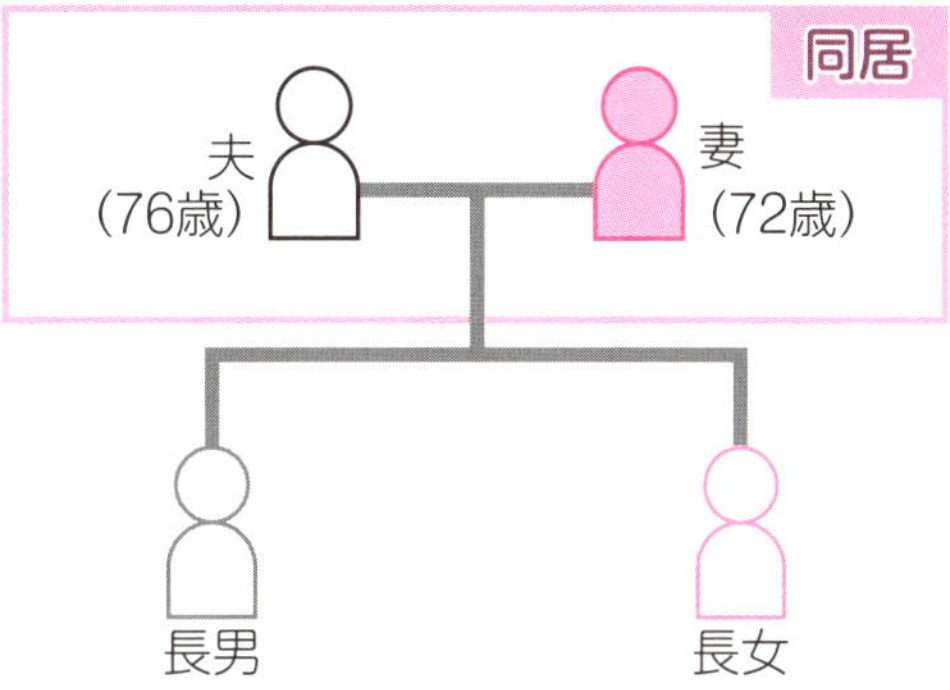

介護サービス（週間）

	月	火	水	木	金	土	日
早朝	夫の朝の介護（整容・食事・排泄）					短期入所介護	
午前	通所介護（〜9時間）	訪問介護（30分〜1時間）	通所介護（〜9時間）	訪問介護（30分〜1時間）	通所介護（〜9時間）		
午後							
夜間	夫の夜の介護（食事・排泄・就寝）						
深夜							
自己負担（月額）	約20,000円＋食費（通所介護、短期入所）						

ムロ先生からのアドバイス

熱心な介護をされています。男性介護者で几帳面な方は、いい意味での「手抜き」ができない。つまり息抜きが下手な人が多いようです。ちょっと一方通行の介護になる傾向があります。相手の言い分を聞かずに「押しつけてしまう」わけです。それに男性は、「張り合う」ことが好きなので、これくらいならオレでもできるとがんばっちゃう。ヘルパーさんもやりにくいでしょうね。まずは息抜きの時間としてデイサービスを増やし、趣味の時間を持たれてはどうでしょう。月に１回の短期入所もよいでしょう。張り合うばかりでなくヘルパーさんに介護の方法を教えてもらうのもよいでしょう。

事例5

息子介護
要介護2

私は父の介護のために生きているんやない、と正直そう思います

父は設計事務所をやっていました。もともと酒好きでゴルフがなによりの趣味の人でした。建設関係のつき合いで早朝からゴルフに出た63歳のとき、ドライバーを打った瞬間に脳梗塞で倒れ半身マヒになりました。母と介護をしていましたが、母はもともと心臓が弱く、半年前から入院しています。私は大手住宅メーカーに勤め32歳で結婚、3年目に離婚して、実家に戻って同居です。子どもはいません。いまはホームセンターで働いています。

ここ数年、シルバーカーを使ってならば、なんとか歩行はできるほどに回復しましたが、めっきり自信がなくなったようで死ぬことばかりを口にするようになりました。膝が硬くならないようにリハビリさせようとするのですが「こんなことしても意味があれへん！」と怒鳴ったりします。「やりたくて手伝っているんとちゃうわ！」とついつい言い返してしまいます。手を振りほどこうとしたとき、腹が立って強く握ってしまい、「痛い！」と言わせてしまったこともあります。夜中にも、やたら起こされます。眠くて無視することも度々です。いまの仕事はとても好きですが、父のせいで遅刻することもあるので、いつリストラされるかわかりません。

私は父の介護のために生きているわけでもないし、まだ再婚もしたいです。でも正直あきらめています。このままではあんなに好きだった父も嫌いになりそうです。

家族構成

要介護者
男性（74歳）

主たる介護者
長男（42歳）

介護の原因
脳梗塞（半身マヒ）・高血圧・糖尿病

介護の場所
自宅

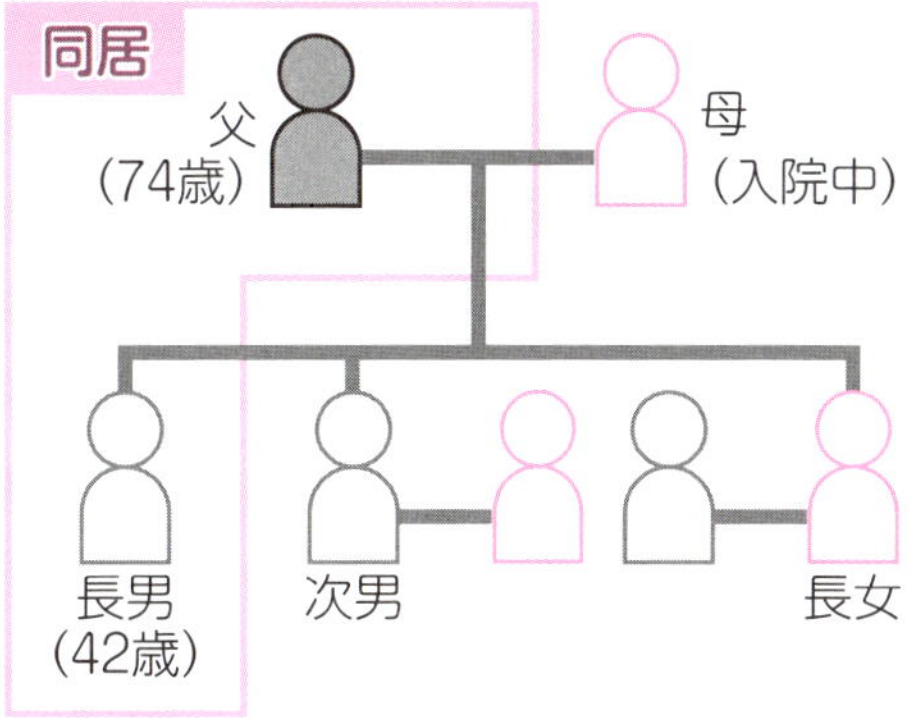
同居
父
（74歳）
母
（入院中）
長男
（42歳）
次男
長女

介護サービス（週間）

	月	火	水	木	金	土	日
早朝	長男の朝の介護（食事）						
午前	通所リハビリ（～2時間）		通所リハビリ（～2時間）	通所リハビリ（～2時間）	通所リハビリ（～2時間）	通所リハビリ（～2時間）	通所介護（～9時間）
午後		訪問介護（30分～1時間）		訪問介護（30分～1時間）			
夜間							
深夜	長男の夜の介護（排泄）						
自己負担（月額）	約13,000円＋食費（通所リハ）						

ムロ先生からのアドバイス

いま、独身男性で老親を介護する人がとても増えています。多くはまじめで一生懸命の方が多いです。しかし仕事との両立ができなくて、辞めて介護に専念する人も多いのが傾向です。でも仕事は収入を得る手段だけでなく、介護から開放されるストレス解消の時間であり、人とふれあい孤独にならない場です。仕事を続けるためにショートリハビリを使い、今後は夜間の訪問介護も上手に使ってみる、お父さん自身の楽しみづくりを一緒に考えることをアドバイスしました。

その結果、ショートリハビリでの室内版グランドゴルフがお気に入りになったようです。

事例6

遠距離介護

要介護3

短気な父が認知症の母を殴っているのではないかと心配です

父は刑務官が長く、転勤のたびに一家で引っ越しをする生活でした。定年後、九州の田舎に戻り母と2人で生活を始めました。頑固者の父は滅多に電話をしてきませんが、ある夜のこと、「母さんが何回も飯を炊いて困っている。とうとうボケたみたいだ」と泣きそうな声で電話してきました。私はすぐに飛行機で帰りました。台所にいる母の目はうつろで、ブツブツと話し、それを父が怒鳴っていました。炊飯器の中は山盛りのご飯です。父は「こんなに炊いてどうするんだ」と母をなじるばかりです。

まずは父をなだめて、母を精神科に受診させました。かなり進行したアルツハイマー型認知症といわれ、「要介護3」となりました。

それから私の遠距離介護の始まりです。すぐに私が通うことを決めたのは、父が怒って母に暴力をふるわないかという心配からでした。父は癇癪《かんしゃく》を起こすと、平気で母や私を叩いていました。それがぶり返さないか……心配は現実になりました。帰省すると、母の顔に痣《あざ》があり、父は失禁をすると着替えさせもせずに叱ってばかり。風呂を拒否する母は失禁でひどい尿臭でした。デイサービスも「本人が嫌がる」といって、うまく使えていないようです。

毎日、東京で仕事をしていても、携帯電話がなるたびにビクッとします。弱気になった父が夜になると電話をしてきます。万が一のことを考えると眠れない日々です。

家族構成

要介護者
女性（75歳）
主たる介護者
夫（78歳）と長女（48歳）
介護の原因
アルツハイマー型認知症・聴覚障害・心臓病
介護の場所
自宅

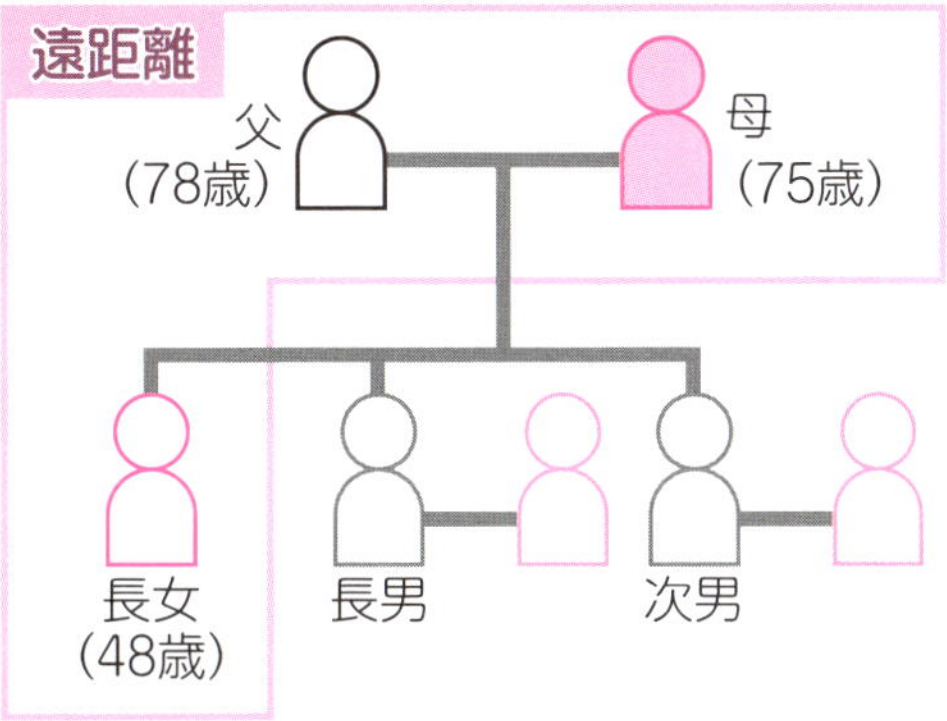
遠距離
父
（78歳）
母
（75歳）
長女
（48歳）
長男
次男

介護サービス（週間）

	月	火	水	木	金	土	日
早朝	父の朝の介護（整容・食事・排泄）					長女の遠距離介護	長女の遠距離介護
午前	**認知症デイ（～9時間）**	**訪問介護（30分～1時間）**	**認知症デイ（～9時間）**	**認知症デイ（～9時間）**	**認知症デイ（～9時間）**		
午後		通院					
夜間	父の夜の介護（食事・排泄・就寝）						長女、東京へ戻る
深夜					長女、東京より帰省		
自己負担（月額）	**約21,000円＋食費（通所介護）**						

ムロ先生からのアドバイス

遠距離介護の心労はすぐに駆けつけられないこと。それに経済的な負担や体力的な負担があり、次第にきつくなりがちです。お父さんが昔気質の性格で、口下手なようなので、娘さんがケアマネと直接会って、現状を伝えるようにアドバイスをしました。認知症専門のデイサービスの存在もご存知なかったんですね。連絡や相談も訪問介護やデイサービス、ケアマネから直接入るように携帯の電話番号とメールアドレスを伝えることも勧めました。おかげで東京にいながら様子がわかるようになり、お父さんも落着きを取り戻すことができました。

事例7

同居介護
要介護3

きつい言い方の義母と介護に非協力な夫にもう限界!!

私は29歳で結婚し、義母と同居を始めて20年になります。義母は高血圧と糖尿病で52歳のときに、左足が壊疽《えそ》になり、切断をしました。義父は5年前に他界するまで、義母の買物や食事の介助をやっていましたが、現在は私の役目です。

義母は神経質で、ものごとに執着します。自己中心的で相手の立場に立って物事を考えることをしません。感情の起伏が激しく、身体が動かないので怒鳴ることも多いです。いまでも、こっそりお酒を飲んでいるようです。自分勝手で、食事も服薬もいい加減です。家の中では義肢はつけずに、上半身の力はあるので、いざりながら移動しています。きれい好きなのですが、少し視力障害があり、部屋は散らかり放題です。

夫は土木業で仕事が少なくなり、家計は大変です。子どもの教育費のためにパートに出たいのですが、義母がいるために出られません。「要介護3」ですが、介護サービスはデイサービスを週1回程度。それもいやいやです。排泄はポータブルトイレを利用しています。

夫はまったく協力してくれません。もともと仲が良くないうえに、義父が亡くなって、さらに話さなくなりました。義母と仲の良い義妹と義弟は世話をしたいのですが、長男に遠慮して寄りつきません。結局、すべての負担は私にかかっています。義母の言い方だけでもやさしくなると楽になります。

家族構成

要介護者
女性（76歳）
主たる介護者
長男（58歳）の妻（49歳）
介護の原因
高血圧・糖尿病・左下肢切断（身体障害者手帳1級）
介護の場所
自宅

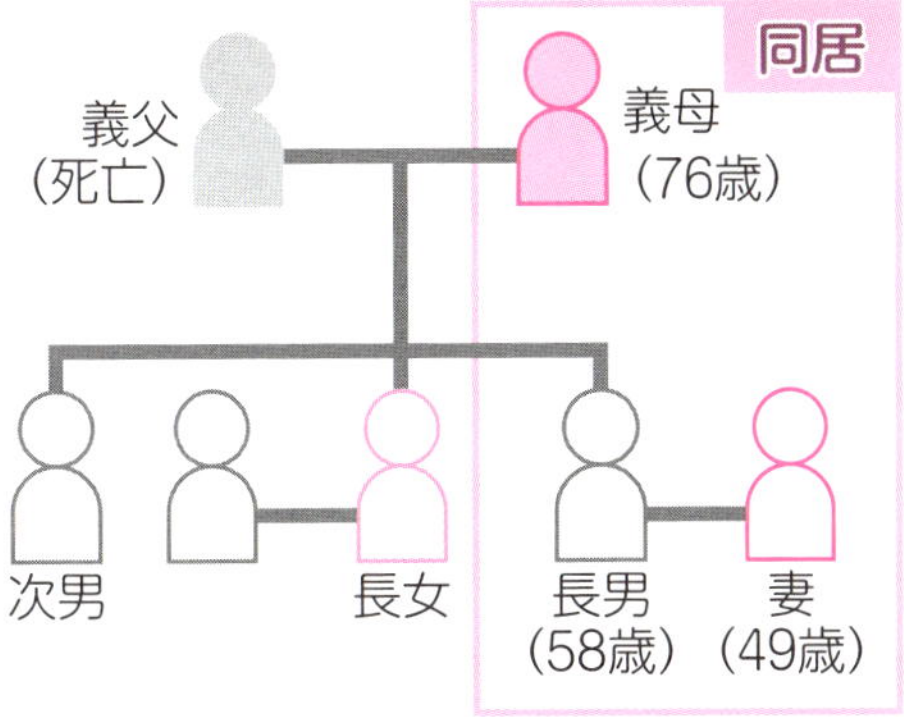
同居
義父
（死亡）
義母
（76歳）
次男
長女
長男
（58歳）
妻
（49歳）

介護サービス（週間）

<table>
<tr><th></th><th>月</th><th>火</th><th>水</th><th>木</th><th>金</th><th>土</th><th>日</th></tr>
<tr><td>早朝</td><td colspan="5">嫁の朝の介護（食事・排泄）</td><td></td><td rowspan="4">弟宅、妹宅でのお泊り介護</td></tr>
<tr><td>午前</td><td>通所リハビリ（〜3時間）</td><td></td><td>通所リハビリ（〜3時間）</td><td></td><td>通所リハビリ（〜3時間）</td><td rowspan="4">弟宅、妹宅でのお泊り介護</td></tr>
<tr><td>午後</td><td>通院</td><td>訪問介護（45分以上）</td><td>訪問介護（45分以上）</td><td>訪問看護（30分〜1時間）</td><td></td></tr>
<tr><td>夜間</td><td colspan="5">嫁の夜の介護（食事・排泄）</td></tr>
<tr><td>深夜</td><td></td><td></td><td></td><td></td><td></td><td></td></tr>
<tr><td colspan="8">自己負担（月額）　約11,000円</td></tr>
</table>

ムロ先生からのアドバイス

妹と弟が世話をしたいのに長男や義姉に遠慮する構図はよくあります。お義母さんのイライラは病気のせいかもしれません。まずは飲酒をやめるために、定期的な診察と訪問看護を利用するのがひとつです。

デイサービスを嫌がるのはどういう理由でしょうか？　１日いるのが退屈な人は3時間程度のショートリハビリもあります。訪問介護も、まずは週1〜2回利用しましょう。部屋の掃除は訪問介護を利用しましょう。ケアマネさんと打ち合せをして、義妹・義弟宅に泊まるのもケアプランに入れてみては。そして、無理のないよう短いパートから始めてみましょう。

事例8

息子介護
要介護2

介護に加えて仕事も不安定。独身なので先々が心配です

みなさん、ピンとこないかもしれません。母は60代から躁うつ病でとても精神が不安定でした。父が7年前に他界して、急に調子が悪くなりました。老人ホームに入れた方がいいのか迷っています。老人ホームが母にとってよいかわかりません。いまの母は他人との接触は苦手で、家に閉じこもっていることが多いです。ささいな出来事や雑音で過敏に反応して、近所の方にも迷惑をかけ申し訳なく思っています。膝関節症のため布団に横になっていることも多いです。以前、デイサービスに見学に行きました。「あんな年寄りばっかりのところは嫌だ」と、すっかり興奮して大変でした。自分もいい歳なのにね。入れられてしまうと思ったのでしょう。

母は混乱すると、妄想があるのか、変なことばを口走ります。部屋に閉じこもって出てきません。食事も食べないので困っています。いまのデイサービスも合わないみたいで、迷惑をかけてしまっているようです。

ぼくは独身です。仕事はガードマンをアルバイト程度でやっています。姉が見てくれるときには、深夜もやります。正規社員は無理ですね、この歳では。母が起きだし、夜眠れなかった翌日はさすがにつらいですね。歩くと痛がるので、散歩は車イスです。どうなるのか、先々が本当に心配です。イラっとくることはあります、正直。でも仕方ないですよ。怒鳴らないように注意しています。

家族構成

要介護者	**女性（82歳）**
主たる介護者	**長男（53歳）**
介護の原因	**老年性うつ病・膝関節症**
介護の場所	**自宅**

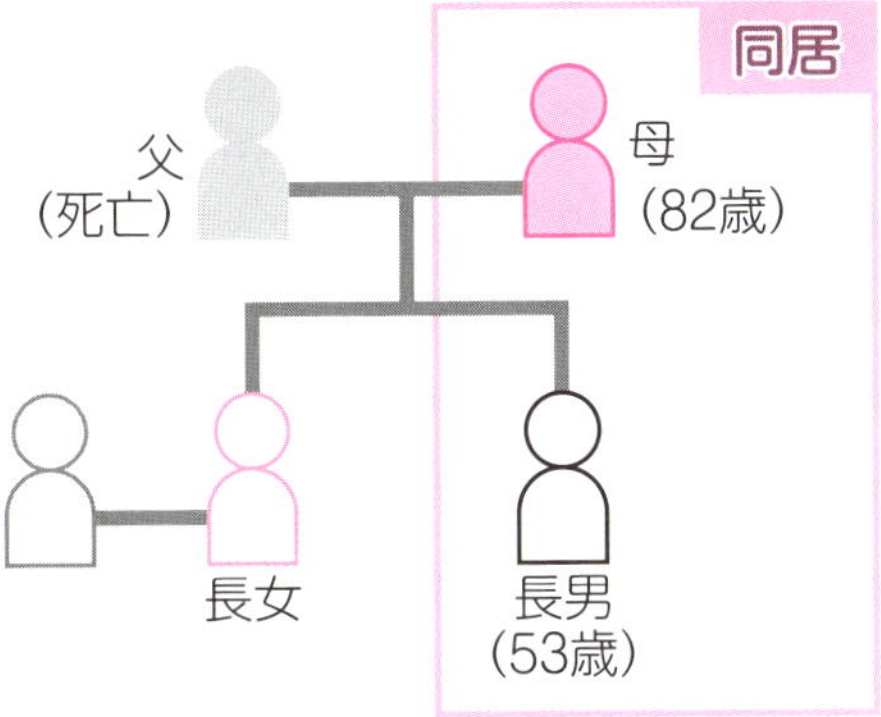

介護サービス（週間）

	月	火	水	木	金	土	日
早朝	長男の朝の介護（食事・排泄）						
午前	**通所リハビリ（〜8時間）**	**訪問介護（30分〜1時間）**	**通所リハビリ（〜8時間）**		**通所リハビリ（〜8時間）**		
午後		通院		**訪問看護（30分〜1時間）**			
夜間	長男の夜の介護（食事・排泄・入浴）						
深夜							
自己負担（月額）	**約15,000円＋食費（通所リハ）**						

ムロ先生からのアドバイス

よくお母さんの人柄も理解されていて、ていねいな対応をされています。膝関節症で寝たきり生活が多いようですが、放っておくとさらに悪化します。医師の指示を受けて、適度なリハビリが必要かもしれません。

高齢者の方で高齢者が多いデイサービスなどを嫌がる人はいます。本人なりに積極的に参加したいデイサービスを探してみましょう。料理や周囲の環境で選ぶ人も多くなっています。訪問介護やデイサービスなどを利用することで、息子さんも日勤帯の仕事を増やせますし、自分の時間をつくることも大切にしましょう。

C O L U M N

同居介護はどのくらいの割合で、主な介護者は?

介護の形態は「同居」が約60%で、近距離・近隣・遠距離などの「別居」での介護は10%程度です。やはり同居して介護する家族が多いようです。

同居介護だけを見ると、「配偶者が25.2%」、「子が21.8%」、「子の配偶者が9.7%」となります。配偶者がいる家族は配偶者が主な介護者となり、配偶者が亡くなったら子や子の配偶者が主な介護者になるようすが伺えます。

主な介護者の男女の割合を見ると男性が34%、女性が66%です。

●主な介護者と要介護者の続柄と介護状況

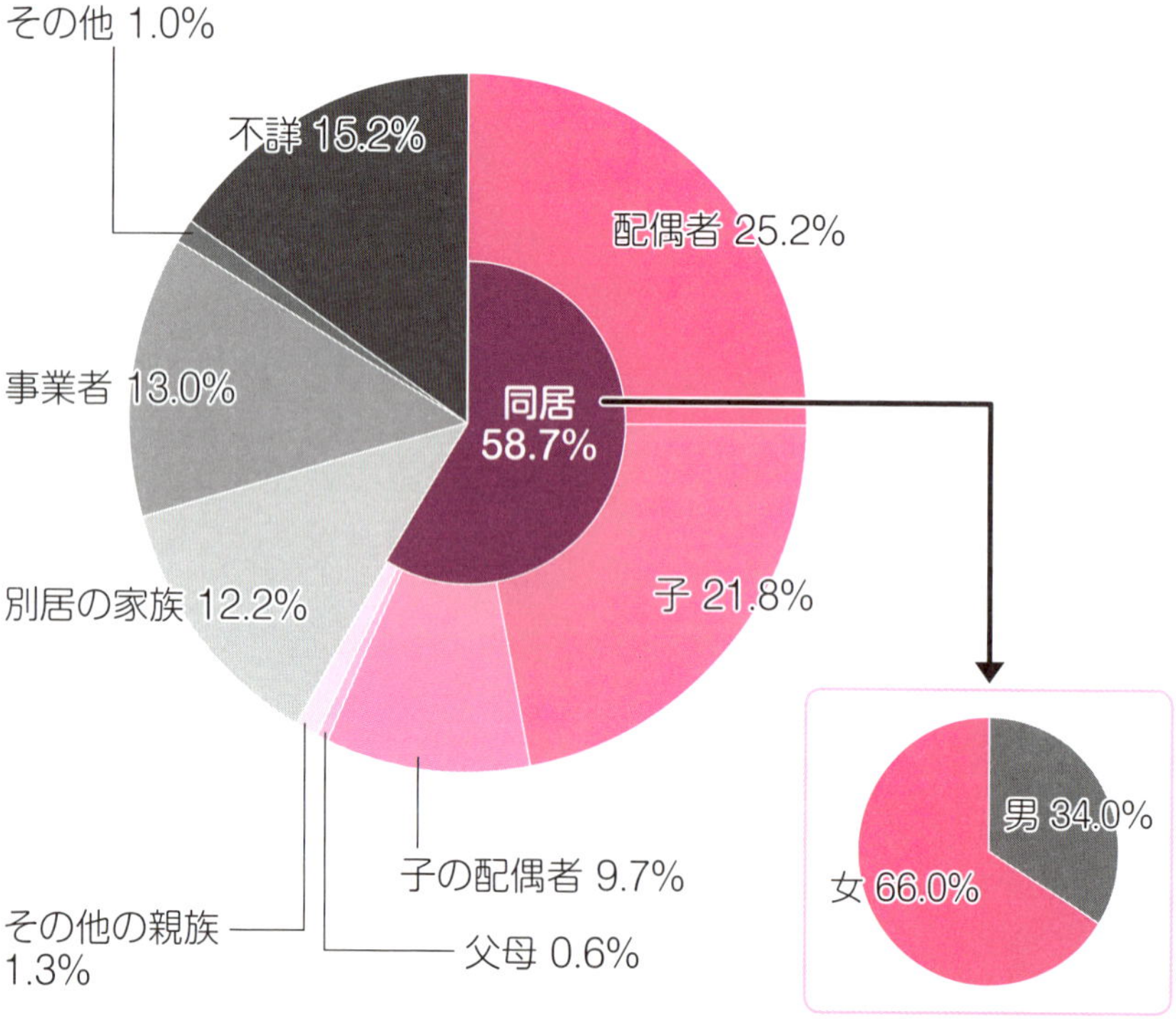
その他 1.0%
不詳 15.2%
配偶者 25.2%
事業者 13.0%
同居
58.7%
別居の家族 12.2%
子 21.8%
子の配偶者 9.7%
その他の親族
1.3%
父母 0.6%
男 34.0%
女 66.0%

注：熊本県を除いたもの

※厚生労働省国民生活基礎調査（平成28年）

さくいん

索引

な

は

ま–や–ら

■監修

鈩　裕和（たたら ひろかず）

島根県松江市出身

医療法人社団つくしんぼ会（東京都板橋区）理事長　医師

外来診療から訪問医療介護、さらに在宅看取りまで連続したサービスを提供できる医療機関として「つくしんぼ会」を平成８年に設立した。職種間の垣根を取り払い自由闊達に議論できる環境作りに努め、討議の下、治療介護計画を立案し、協調して介入する体制になっている。日常診療では、患者に生き様、死に様の希望をさりげなく問いかけ、実現可能な形で寄り添うスタイルをとっている。押し付けの医療にならないよう配慮し、薬物治療に依存しないのが信条。

高室成幸（たかむろ しげゆき）

1958年京都生まれ　日本福祉大学社会福祉学部卒

ケアタウン総合研究所 代表

介護支援専門員や地域包括支援センター職員・施設の管理者層から民生児童委員まで幅広い層を対象に研修を行い、「わかりやすく元気がわいてくる講師」として高い評価を得ている。著書・監修書は50冊近くに及び、雑誌の連載も多い。

日本ケアマネジメント学会所属

※本書は2016年2月26日に発行された『もう限界!! 介護で心がいきづまったときに読む本』（第2版）を改訂・改題して発行しました。

身近な人の介護で心がいきづまったら読む本

2011年8月4日 初版第1刷発行

2019年7月30日 第3版第1刷発行

監修者　鈩　裕和　高室成幸

発行者　伊藤　滋

発行所　株式会社 自由国民社

〒171-0033　東京都豊島区高田3-10-11

電話（営業部）03-6233-0781　（編集部）03-6233-0787

振替 00100-6-189009　ウェブサイト　http://www.jiyu.co.jp/

印　刷　大日本印刷株式会社

製　本　新風製本株式会社

編集協力　株式会社耕事務所

執筆協力　野口久美子　増澤曜子

本文デザイン　石川妙子

本文イラスト　山下幸子

カバーデザイン　JK